危機感なき茹でガエル日本

過去の延長線上に
未来はない

小林喜光 監修
経済同友会 著

中央公論新社

危機感なき 茹でガエル日本

過去の延長線上に未来はない

目次

GDP偏重の「危険性」
すべては「個」から始まる
国家価値を三次元で解析する
X軸を担う企業活動
デジタルトランスフォーメーションの波に乗る
長期的視点で、国の姿をデザインする
三軸の「矛盾」を乗り越え、好循環サイクルをつくる
「最適化社会」の設計図を描くのは誰か

第三章　豊かな経済を実現するために＝X軸

GDPの「内なる問題」
新たな経済指標群「GNIプラス」を提唱する
新しい時代を記述する「経済学」が欲しい
欧米企業に比して、依然収益性の低い日本企業
勝負はモノからコトへ、そしてココロへ
「デジタル経済」に対応する企業経営

第四章　イノベーションこそが未来を拓く＝Y軸

危機感なき 茹でガエル日本

過去の延長線上に未来はない

第一章

過去の延長線上に未来はない

日本は岐路に立っている

国や社会が重大な転換点を迎えているとき、あるいは否応なく変革を突きつけられている時代、渦中にいる人々には、そのことがなかなか分からない——。幾多の歴史が語る教訓である。繁栄を誇った古代ローマ帝国やオスマン帝国の滅亡も突然訪れたわけではない。気づけば無謀な戦争に突き進んでいた、戦前の日本もそうだ。

大局を見通すことができずに判断を誤った為政者や、一時的な「安寧」に満足してなすがままに従った大衆を、後世の人間は批判し、ともすれば蔑みさえする。

しかし、現在の日本を生きる我々に、彼らを笑うことが果たしてできるだろうか？

日本は今、間違いなく岐路にある。いや、かつてほとんど経験したことのないレベルの危機に直面していると言ったほうが正確だろう。それは、敗戦により焦土と化した七十余年前に匹敵する困難であり、さらには「ひたすら経済成長を目指す」という目標が明確に描けた往時とは、質の異なるクライシスである。

残念ながら、そうした危機感が、政治家や官僚、経済人、そして国民に広く共有されているとは言い難い現状がある。そのことこそが危機の本質なのだ。

目を背けることのできない〝不都合な真実〟を三点挙げよう。

第一に、日本の財政はあれよあれよという間に一〇〇〇兆円を超える公的債務を積み上げてしまい、破綻の危機にある。一〇〇〇兆円と聞いてもピンとこないかもしれないが、毎年の予算規模はおよそ一〇〇兆円で、歳入はざっくり言って税収と税外収入をあわせて六割、残りの四割が公債金すなわち国の借金だ。「収入」の十数倍の借金を抱え、さらにそれを積み増しているのが、今の日本という国だ。単純比較はできないものの、家庭ならとっくに破産、企業なら倒産していてもおかしくない。

第二に、成熟国家の宿命とはいえ、急速に進行する少子化、高齢化の問題がある。この人口構造の激変が社会保障費の増大を招き、今述べた財政赤字の一因となっているばかりでなく、労働力の減少により経済成長の鈍化を招いている。さらに日本の人口問題は、「少子高齢化」から「人口減少」そのものへと、そのフェーズを転換しつつあるという冷厳な事実をみておかなくてはならない。

第三に、格差や貧困の拡大、民族や宗教間の対立、水や食料の不足、資源・エネルギーの枯渇、そして地球規模での気候変動といったグローバル・アジェンダの存在である。言うまでもなく、どれもこれも対岸の火事で済ませられるテーマではない。これら人類共通の課題を解決するために、先頭に立たなくてはならない立場に日本はあるはずだ。我々は、その使命に応えられているだろうか？

　振り返ってみれば、合計特殊出生率（一人の女性が生涯に産むと見込まれる子どもの数）が「2」を割り込んだのは、一九七〇年代半ばのことだった。借金のために赤字国債の発行が始まったのも、このタイミングである。この「変化」の意味するところを深く検討したならば、今日の日本の姿は予見可能だったはずである。それを見据えて、実効性のある少子化対策を打つ時間も、いたずらに赤字を増やさない手段を講じる余裕も、十分にあった。

　しかし、政治も行政も、その洞察力を欠いていた。あるいは、薄々気づいていながら、取るべき手立ての実行を怠った。あえて言えば国民も、政治家が見せる目先の利益に誘導され、時に訪れる好景気に踊らされ、「国の未来」という自らや子孫に関わる重要な命題から目を逸らし（逸らされ）続けてきた。その結果、事態は一刻の猶予も許されないところまで深刻化してしまった。

　にもかかわらず、「一刻の猶予もならない」という危機感は、今なおこの国に希薄である。一時に比べ国民の理解が進んだとはいえ、消費税率を引き上げると言えば、依然として強い反発が政治の側からも湧き起こる。あるいは、震災による事故の影響はたしかに大きかったとはいえ、諸外国に比べて格段に高いエネルギーコストを下げ、地球温暖化の元凶であるCO_2の排出を削減できる原子力発電をエネルギーミックスの中でどう位置づけていくか、その道筋が描けているとは言い難い。

ぬるま湯に浸かっているカエルは、徐々に水温を上げても気づかず、やがて熱湯になったときには逃げ出すことができずに「茹でガエル」になってしまう。今の日本はまさにこの「茹でガエル」の状態ではないか。

いまや「グローバル化」が盛んに叫ばれ始めていた時代とは明らかに異なる国際環境が醸成され、世界に広まりつつある。

さらに近未来に目を向ければ、「データ」を制したものが世界を制す「データ専制主義」(Digital Dictatorship) という全く新しい時代の到来を予想する向きもあり、実はそれをめぐる戦いはすでに中盤戦に入っている。

二〇一八年秋の経済同友会代表幹事ミッションでシリコンバレーを訪れた際、訪問先の企業からはデジタル化における日本の遅れが指摘され、例えば多くの企業が導入しているサイバーセキュリティのシステムは「三世代遅れている」とまで言われた。そうした状況であることを自覚している日本人もまた、限られているのが現状なのである。

繰り返すが、今日本が対峙しているのは、「ここでやるべきことを断行しなければ、国はもはや衰退するしかなくなる」という、リアルな危機である。改革を躊躇する時間は、我々には残されていない。それを正しく認識するところから、すべては始まる。

衝突のステージに突入した米中

「以前と異なる国際環境」とは何か。それが、ここ数年、世界を席巻している「民族主義」「排外主義」「自国優先主義」「保護主義」といった、いわば〝内向き〟な潮流であることは言うまでもない。日本経済に深刻な影響を与える、それら「世界の危機」について、まずは見ておこう。

スコットランドやスペイン・カタルーニャ自治州では独立運動が起こり、後者は住民投票で独立賛成派が多数を占めるに至った。イギリスでは、二〇一六年六月に国民が欧州連合（EU）離脱を選択し、EU側との離脱交渉は迷走した。一九五八年の欧州経済共同体（EEC）設立以来、着実に統合・拡大の道を歩んできたヨーロッパは、増加する難民への対処をめぐって混乱し、右派が勢力を伸長しつつあることなども含め、大きな転機、試練に直面している。

そして極め付きが、「アメリカ・ファースト」を公然と掲げるドナルド・トランプ米大統領の誕生である。世界中が驚いた米国民の選択を境に、「自由で開かれた国家」を標榜してきたはずのアメリカが、保護主義的なスタンスへと大きく転換した。TPP（環太平洋パートナーシップ協定）からの離脱や、地球温暖化対策の国際的枠組みである「パリ協定」からの離脱表明など、その政権運営は、スタートから大いに懸念を抱かせるものだった。

世界的に広がるこうした保護主義的な傾向が、グローバル化した経済や、もちろん日本企業の活動にも、大きなマイナスとして作用しないはずがない。ここでも、日本は戦後経験してきたものとは違う新たな難題に直面しているのである。

「アメリカ・ファースト」を旗印にさまざまな政策を実行したトランプ政権は、関税や輸入制限を武器にした、世界を敵に回すかのような通商政策に打って出た。そのメインターゲットが中国である。

もともと大統領選の期間中から対中国貿易不均衡問題を取り上げていたトランプ大統領は、二〇一八年六月、中国の知的財産権侵害を理由に、同国からの五〇〇億ドル（五・五兆円）相当の輸入額に対する二五パーセントの追加関税措置を発表する。その後も、中国からのほぼすべての輸入品に追加関税を課す可能性さえちらつかせるなど、強硬なスタンスを崩していない。

一方の中国は、他国から追加関税を課された場合には、同率の報復関税を課すという原則を維持しつつ、アメリカに抗している。同時に、それだけでは自国に不利なままなので、外国為替市場で人民元安を誘導している可能性も指摘される状況だ。

こうした両者のせめぎ合いは「米中貿易戦争」と称されるまでにエスカレートし、その悪影響は速やかに世界に波及した。

「米中貿易戦争」が激化の兆しを見せた同年十月、日経平均株価は二一九九円五八銭、実に九・一パーセント、値を下げた（同九月終値〜十月終値）。下落幅はリーマン・ショック直後の〇八年十月（二六八二円八八銭）以来十年ぶり、下落率はイギリスの国民投票でEU離脱派が勝利した一六年六月（九・六パーセント）以来の大きさだった（『日本経済新聞電子版』一八年十月三十一日付）。

さらに、国際通貨基金（IMF）のこんな試算もある（木内登英「米中貿易戦争が日本経済に与える悪影響」『金融ITフォーカス』野村総合研究所2018・9）。アメリカがすでに実施した鉄鋼輸入制限、五〇〇億ドル規模の中国製品に対する追加関税に加え、二〇〇〇億ドルの対中追加関税、輸入車への二五パーセントのさらなる追加関税は、世界のGDPを二年間でおよそ〇・五パーセント押し下げるとの予測だ。国別に見ると、最も大きな影響を受けるのは、戦いを仕掛けた張本人のアメリカで、輸入価格の上昇による個人消費の落ち込みなどで、GDPは〇・八パーセント押し下げられる。中国を含むアジア新興国は〇・七パーセント、ユーロ圏は〇・三パーセントの「マイナス効果」。そして日本のGDPは、〇・六パーセント押し下げられる——というものだ。

潜在成長率が〇・五〜一パーセントと見られている日本で、それと同程度のGDPの下押しが見込まれるというのだから、その「影響」のほどが理解できるはずだ。曲がりなりにも堅調を保っている日本経済は、思わぬところから足をすくわれる可能性がある。

米中の衝突は、単なる「貿易戦争」ではない

同時に注意すべきなのは、目の前で起こっている米中の衝突を、単なる「国内産業をガードし、貿易赤字の是正を図るため」「アメリカの知的財産を守るため」の経済戦争と解するのでは、事の本質を見誤る、ということだ。あえて言えば、今の貿易戦争は、アメリカという国で徐々に膨らみつつある強い「意識」が表出した、一つの結果に過ぎない。トランプという「異端の大統領」が、たまたま演出しているバトルなどではないことを理解する必要がある。

では、アメリカは何を意識しているのか？　それはひとことで言えば、中国という〝眠れる獅子〟がついに覚醒し、その身を起こしつつあることに対する、強烈な危機感にほかならない。

米中貿易戦争のベースにある中国の対米黒字は、一七年に二七五八億一〇〇〇万ドルと、過去最高を更新した。日本を抜き去ったGDPは、二〇三〇年頃にはアメリカに追いつき、追い越すだろうとみられている。長く世界一の経済大国の地位にあったアメリカにとって、その事実はこの上なく重い。

物量で負けるだけなら、まだいい。「世界の工場」と言われた中国は、量や金額だけでなく、

機能や品質でも着実に先進諸国との差を詰めている。半導体もフラッシュメモリーも、あと数年もすれば韓国、日本のメーカーに追いついてくるだろう。次世代通信の5G（第五世代移動通信システム）技術では、すでに中国のファーウェイが世界のトップに躍り出ている。

旧来の製造業だけではない。例えば大量の実データを収集し、それをベースに研究開発を行い、ビジネスを構築、拡大していくデータ・セントリック科学の分野でも、彼らのフォローは素早かった。わが世の春を謳歌するGAFA（Google、Apple、Facebook、Amazon）でさえ、オンライン・マーケットを展開するアリババや、ネット販売のJD.comのような中国企業に、その存在を脅かされない保証はない。国家にコントロールされているという点でも、彼らには「アドバンテージ」がある。

航空母艦を建造し、南シナ海に人工島を建設するというフィジカルな軍事力はもちろん、サイバー攻撃をも可能とする能力を向上させていることも、大いなる脅威である。

このままでは、何から何まで中国に席巻されてしまう——。それが共和党のみならず、民主党のかなりの部分も含んだ、アメリカの「本音」であろう。世界の政治や経済のイニシアチブをめぐる今回の米中対立は、「選択すべきは資本主義か社会主義か」という東西冷戦時代のイデオロギー対立とも違う。自分たちの力を凌駕しようとする東洋の巨人に対してアメリカが感じる脅威のようなものが根底にあるのだ。長期にわたって両者の熾烈な争いが続き、直接的・

間接的な影響を受け、「巻き込まれる」可能性が高いことを、日本も覚悟する必要があるだろう。

世界は「グローバル化」「デジタル化（ＡＩ化）」「ソーシャル化」のうねりの中にある

同時に、世界の潮流をより長いスパン、根源的な流れで捉えるならば、そこに見えてくるのは、「グローバル化」「デジタル化（ＡＩ化）」「ソーシャル化」という三つの大変革のうねりであることを、正しく認識しておく必要がある。それらが、我々の想像を超える規模とスピードで世界や国のあり方を変え、既成概念を突き崩していくという現実を見失ってはならない。そしてそこには、光もあれば影もある。

これらのうねりは、国・地域間での経済連携による貿易、投資の拡大、人工知能（ＡＩ）などの技術革新による生産性向上などをもたらす。相互に作用しながら相乗効果も生み、生活の豊かさ、便利さの向上に大いに貢献するはずだ。

一方で、これまで経験しなかったほどの経済格差の拡大、社会の分断やその固定化といった新たな問題を生む要因ともなる。先に述べた保護主義や過度の民族主義の台頭なども、そのうねりの反作用と解することができるだろう。

しかし、一時的な逆流、紆余曲折はあろうとも、グローバル化、デジタル化（ＡＩ化）、ソーシャル化の流れは止まらないだろう。うねりは不可逆的であり、今後も進化を続けていくに違いない。

これら三つの流れ、それぞれについて概観してみよう。

グローバル化

企業が、競争力強化のために国内外で経営資源を確保し、付加価値の創出を導く国や地域の壁を越えたバリューチェーンの構築をさらに推し進めるのが、グローバル化だ。研究開発、生産、販売、アフターサービスといった事業・機能に合わせて、企業がその活動のために最適な国・地域を選ぶことは、これまで以上に当たり前になっていく。裏を返せば、それは、国や地域がますます企業に選別される存在になるということを意味する。

デジタル化（ＡＩ化）

デジタル化の側面からみれば、ハードウェアの発達とも相まったＡＩ、ＩｏＴ（Internet of Things＝モノのインターネット）、クラウドなどの情報技術革新は、社会や既存の産業構造、労働のあり方を抜本的に変えようとしている。世界は、まさに十八世紀の産業革命に匹敵するようなデジタルトランスフォーメーション（デジタルソリューションによる変革）という、不可逆的な革命期を迎えているのだ。

それに伴い、産業においては、異なる分野を融合し、「モノからコト」へ、さらにそのパーソナライゼーションへと、これも今までになかった価値の遷移が起きている。また、ＶＲ（Virtual Reality）、ＡＲ（Augmented Reality）、ＭＲ（Mixed Reality）、ロボティクスなどの技術は、物理的な距離を越えて、多様で質の高いサービスの提供を可能にしつつある。

デジタル化は、グローバル化の加速にも寄与するはずだ。例えば、ＷＴＯ（世界貿易機関）は、ＡＩ、ＩｏＴ、ブロックチェーンなどの技術革新によって貿易コストが低下し、その結果、貿易量の増加、中小企業や途上国企業の貿易促進、さらにサービス取引が拡大するだろうと予想している（WTO “WORLD TRADE REPORT 2018”, Key facts and findings, Executive summary）。

ソーシャル化

ソーシャル化は、世界中の誰もがインターネットで相互につながり、自ら発信することができる社会の到来を意味する。それにより、国家や企業等の組織が有していた社会への影響力および機能は、個人に分散する。ＳＮＳなどのネット空間におけるコミュニケーション、情報流通量の拡大が、現実社会での個人の意思決定や行動さえ変えるようになったことを、すでに人々は実感している。

三つのうねりが社会の仕組みを破壊する？

このような「光」の側面を知ると同時に、グローバル化、デジタル化、ソーシャル化のうねりがもたらす「影」の側面も、我々は確認しておかなければならない。

国や地域の壁がなくなる中で、企業はバリューチェーンを構成するさまざまな事業・機能を国内外に移転し生産性向上を図る。しかし、そうした企業活動のグローバル化が、必ずしも国内の労働者の賃金上昇を実現するとは限らない。海外移転による国内での雇用の「喪失」、外国人労働者の流入は、先進国の多くで深刻な事態を引き起こしてもいる。

他方、デジタル技術の進歩は、個人の資産や時間をＣ to Ｃの市場を介して活用する共有型経済（シェアリング・エコノミー）を実現し、ＩｏＴにより、限界費用ゼロのビジネスモデルをモノづくりやエネルギーの分野にも広めつつある。モノがインターネットでつながるＩｏＴの発展は、データが価値の源泉となり、データの掌握こそが価値創造や価値設計において最も重要となる経済へと、世の中を変える。便利になるのはありがたいことだが、働く立場になってみると、さまざまな問題に直面することになる。技術革新の急速な進化に適応すべく、個人がその能力やスキルを向上させることが、従来よりも格段に困難になっているのもその一つだ。

かくして、グローバル化とデジタル化は、雇用の不安定化や、データを持てる者と持たざる者の格差の拡大を生む。しかもその格差は、一七年に国際NGOオックスファムが、「世界の富裕層上位八人の資産と、経済的に恵まれない世界人口の下位半分約三七億人のそれとがほぼ同額」という報告書を提示して衝撃を与えたように、「ありえない」レベルに達し、今この瞬間も拡大を続けているのである。

グローバル化、デジタル化という「インフラ」がなければ、こうした事態は起こりえなかったはずだ。それらは、資本主義という経済体制自体に、今までにない変化をもたらしたと言っても過言ではない。

「資本主義経済体制の変貌」は、その発展のバックボーンとなってきた民主主義にも大きな影響を及ぼさずにはいられなかった。その象徴が、英国のEU離脱や、米国トランプ政権に代表される自国優先主義の台頭というわけだ。

残念ながら、このような雇用の不安定化、所得格差の拡大をはじめとするグローバル化、デジタル化の影の側面に、政府、既存政党は確たる対応策を持ちえていない。そのことに対する「持たざる人々」の不満が堆積し、自国優先主義、民族主義などに結びつくポピュリズムの台頭を招いているのが、今の世界なのである。

各国で進行する社会的、政治的分断は、状況をさらに複雑化させている。低成長が長引くとに伴う中間層の減少により、政党政治における中道派も勢いを失った。民衆とエリートとの間に断絶が生じ、リベラルと保守の間には、超え難い壁が生じることとなった。社会の二極化に対し、折り合いをつけながら現実的で効果のある解決策を見出し、断絶を修復していく役割を、政府や議会は果たせずにいる。

グローバル化、デジタル化、ソーシャル化のうねりの中で、民主主義もまた、かつて全体主義や社会主義と対峙した時とは異なる危機に直面しているように見える。言うまでもなく、日本もその例外ではない。

加えてソーシャル化が、そうした社会の分断を固定化する役割を果たす。ソーシャル・メディアには、自身の意見と合致する意見のみに接して確信を強める「集団極性化」、ネット上で賛否いずれかの論が急速に多数を占め、結果として議論がその方向に流され先鋭化していく「サイバーカスケード」といった、他のメディアにはない特性がある。

それが政治的に問題になるのは、特に虚偽の情報（フェイクニュース）の意図的な拡散だ。その実態を、我々はアメリカ大統領選挙で目撃することになった。何の手立ても打たずにいれば、事実に基づく政策論議、それを踏まえた投票行動という民主主義の土台が崩れる恐れがある。

サイバー空間における情報発信の影響力が、政治のみならず行政、経済、企業活動などさまざまな分野で高まる中、情報の真贋そのものの判断は、実は容易ではない。これからの時代を生きる我々には、「どれが真実の情報なのかを見極める」という、新しくかつこの上なく難しい課題が突きつけられているのである。

ハラリ氏の鳴らした警鐘

このように、グローバル化、デジタル化、ソーシャル化のうねりが民主主義、資本主義のあり方に大きな影響を与えていく中、とりわけ注意を払う必要があるのは、先にも述べた「データ専制主義」到来の危険性である。

二〇一八年一月、トランプ大統領の初参加でも注目された「世界経済フォーラム」（通称「ダボス会議」）の会議場で、ドイツのメルケル首相に続いて登壇して講演したのは、イスラエルの歴史学者ユヴァル・ノア・ハラリ氏だった。ベストセラー『サピエンス全史』『ホモ・デウス』の著者でもある四十一歳（当時）の学者がその場で語ったのが、データを掌握した者が未来を制する「データ専制主義」への警鐘だったのだ。

ユヴァル・ノア・ハラリ『ホモ・デウス　上・下』（柴田裕之訳、河出書房新社、2018）

デジタル技術の進歩によって収集されたビッグデータを基に、ＡＩが学習し、その判断によって社会を動かすようになると、単に「ＡＩが人間の仕事を奪う」域を超え、ＡＩが人間をもアルゴリズム（問題解決の方法、手順）の一つとして理解し位置づけるようになるかもしれないという近未来を予測したのである。

データ専制主義社会で主体的な影響力を行使しようとするならば、少なくともビッグデータ収集が可能なプラットフォーマーである必要がある。しかし、すでに述べたように日本はその点でアメリカ、中国などに周回遅れの差をつけられてしまった。はっきり言って、もはや同じ土俵で戦っても勝ち目はないであろう。

昨年のダボス会議では、データに係わる示唆に富む発信が多くなされた。あれから一年、第四次産業革命の威力は飛躍的に進化し、経済のみならず社会や政治も根本的に変貌しつつある。

こうした中で、今年一月のダボス会議は「Globalization 4.0」をテーマに開催され、個々人と社会が相互に、そして世界全体とどのように関係し、すべてに繁栄をもたらすのか、などについて活発な議論が展開された。

五年ぶりに出席した安倍総理は、「日本にまつわる敗北主義は敗北した」との認識を示し、データ・ガバナンス、イノベーションによるCO_2の削減と人工光合成等CO_2のカーボン源としての活用、国際貿易システムへの信頼回復などに関して、非常に前向きなスピーチを行った。

では、我々は今後どうしたらいいのか？

「社会の持続性を維持し、高めていく」方策については、第五章でさらに論じることにする。「デジタル化の影を光に変える」方策を、今真剣に検討しなければ、日本の「近未来」はない。このテーマについては、第四章でさらに論じることにする。

なぜ日本は積年の課題に「解」を見出せないのか

日本経済は堅調さを維持してきた。それもあってか、冒頭で述べた「政官や企業経営者や国民が、危機を共有できない危機」が続く。

東京オリンピック・パラリンピックが開かれる二〇二〇年頃まではある程度安定的に推移するかもしれない。しかし、その後、景気がリセッションの局面を迎える可能性を否定できる人は少ない。そうなった時、政府の累積債務、少子化・高齢化、人口減少、貧困と格差をはじめとするグローバル・アジェンダの深刻さが、現実感を伴って身に迫ってくるのかもしれない。

実はグローバル化、デジタル化、ソーシャル化のうねりに翻弄されていることに、初めて気づくのかもしれない。実際に、日本の抱える問題、取り巻く環境は加速度的に悪化している。

それにしても、問題がここまで深刻化しているのに、今なお有効な手が打てないのはなぜだろうか？

大小の要因はあれど、日本人の根底にある、戦後復興、高度経済成長、バブル経済に至る成功体験が変革の妨げになっているのは、間違いない事実だろう。時代が新たな経済・社会システムの構築を促しているにもかかわらず、「かつての栄光の記憶」から脱却できないために、前進も叶わなくなっているのだ。

誰しも〝不都合な真実〟からは目を背けたい。日本の政治も行政も企業もそれをし続けてきた。「今さえ良ければ」「自分さえ良ければ」という事なかれ主義も、右肩上がりの時代には通用しただろう。しかし、そうやって難題を先送りしたことで、改革の遅れがもたらす歪みがいよいよ臨界点に近づいてきてしまったのである。

そうした課題を解決していくためには、多様な価値観、考え方を持つ人々が叡知を出し合うことが必要だ。だが、日本は、女性、高齢者、障がい者、外国人など、多様な個人が十分活躍できる社会に、今もってなっていない。「個」が十分に確立されておらず、むしろ「突出した言動」を良しとしない環境、風潮は、大きな足かせとなっている。

事なかれ主義は、国民の間にも蔓延しているように見える。財政破綻のリスクのみならず、国や企業、大学の国際競争力の低下、地方の衰退、他国への依存度が高い安全保障といった問題は、少し考えれば「看過できない事態」だと理解できるはずである。しかし、それらに対する健全な危機感は、繰り返し述べているように、ほとんど共有されてはいない。

国がそんな状況にあり、自分たちの将来が危ういというのに、内閣府「国民生活に関する世論調査」（二〇一八年六月調査）によれば、現在の生活に対し満足している日本人の割合は、七四・七パーセントに達している。国民は、その生活に直接悪影響が及ばないかぎり、自ら声を上げ、行動することをしないのだろうか。「今のままではダメだ」という危機感がなければ、国家の衰退を招きかねない。

気がつけば、一九九〇年代前半にＯＥＣＤ加盟国中六位だった日本の一人当たりＧＤＰは、二〇一七年には十七位まで低下し、アメリカやドイツなどとの差は拡大傾向にある。こうした状況は、人々が日々の生活に満足する中で、世界における自国の位置づけの低下に気づかずにいる――まさに「茹でガエル」となっている――日本の姿を、如実に表しているようである。

【図表1‐1 生活に対する国民の満足度と1人あたりGDPの推移】

●現在の生活に対する国民の満足度

内閣府の調査では、現在の生活に対し満足している割合は74.7%に達している

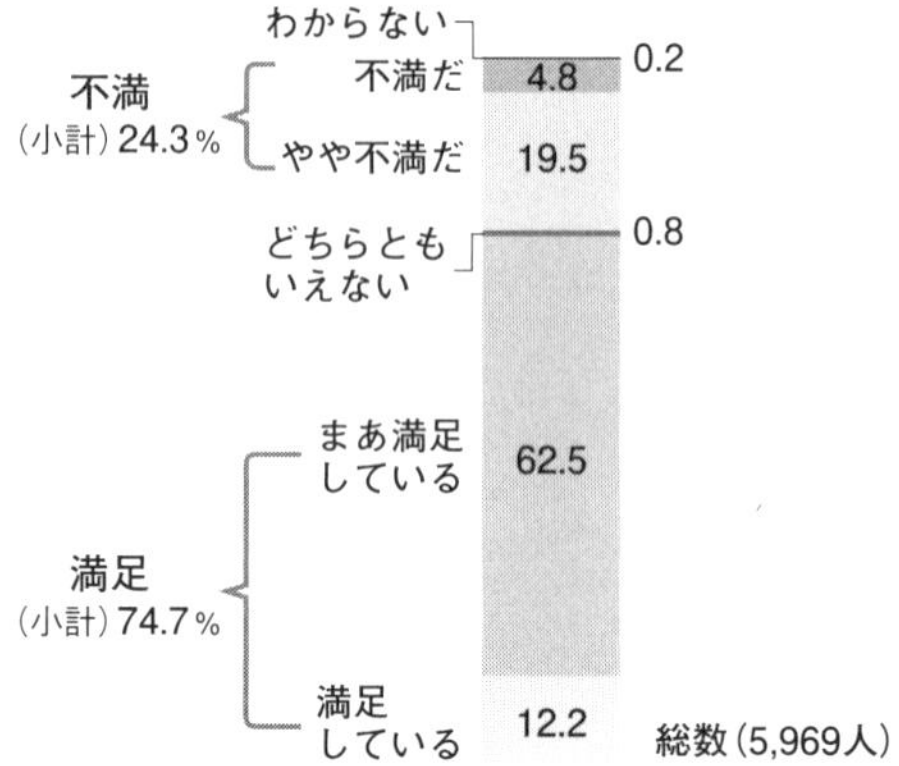

出所：内閣府「国民生活に関する世論調査」(平成30年6月調査)

●一人あたりGDPの推移 (G7各国、中国との比較)

日本の1人あたりGDP (2017年) は、OECD加盟国36カ国中17位であり、米国やドイツ等との差は拡大傾向にある

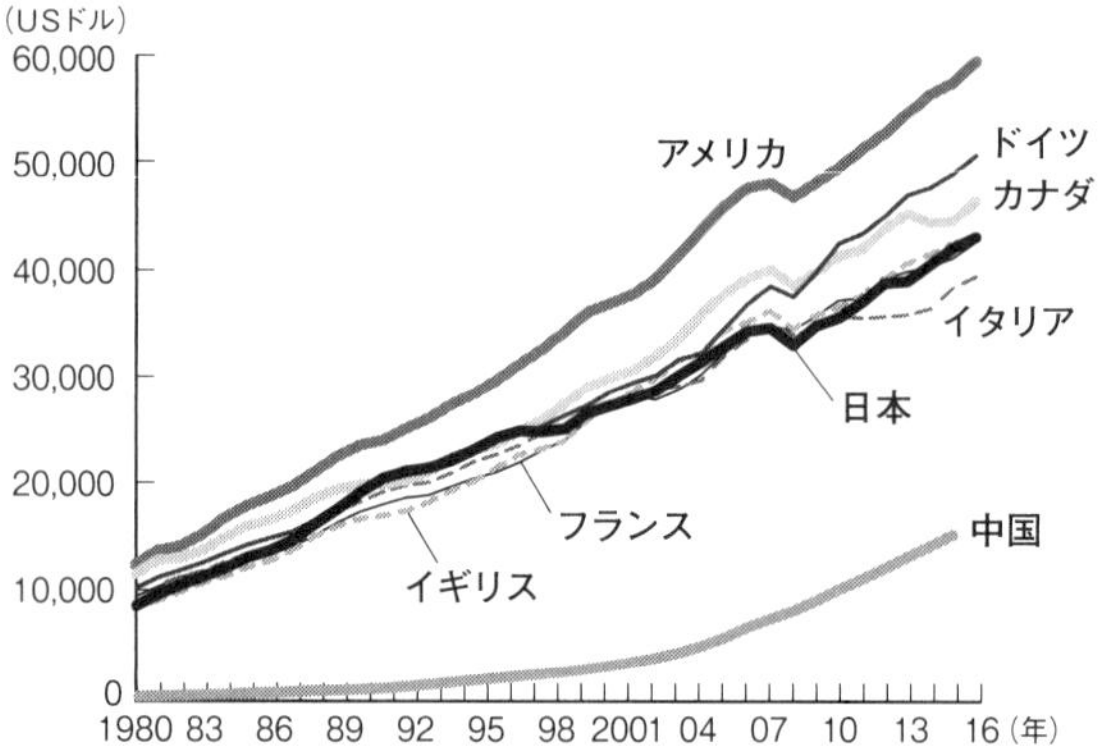

USD, current prices, current PPPs

OECD：GDP per head of population

「構想力」なき政治家、経営者はいらない

国を率いるべき政治家、その下で国民にとって最適な行政を遂行すべき官僚の責任は重い。厳しく言えば、「今さえ良ければ、自分さえ良ければ」という短期的かつ自己中心的な発想による衆愚的な政治とこれに面従する行政が幅を利かしている。そのことが人々を思考停止に陥らせ、自立・自律の心を喪失させ、知の退廃、自己変革力の枯渇を招いて、結果としてさまざまな問題を惹起させているのではないか。

問題なのは、国のグランドデザインやそこに向かって国民が進むべき道筋が、漠然としたままであることだ。政治家にデザイン構想力がないのでは、国民が政治不信を募らせ、政治参加の意思を喪失するのも当然かもしれない。

一方で、日本企業が環境の変化に対応し、先を見据えた戦略を打ち出せていないことについて、最も多くの責を負うべきは自分たちであることを、経営者は自覚すべきであろう。

「欧米に追いつき追い越せ」を旗印に高度成長を演出した日本企業は、首尾よく当初の目標を達成した。ところが、いざ「先駆者がいない」、つまり「前例がない」ステージに立たされた時、そこでパラダイムを転換し未知の領域に挑戦することが、多くの場合できなかった。政治

家同様に経営者も、未来に対する「構想力」を持ちえなかったのである。誤解を恐れずに言えば、「大きな絵」を描ける経済人は、今現在も決して多くはない。

今という時代に即した海図を持たずに航海を続ける日本企業が、それゆえにぶつかる眼前の課題の克服に四苦八苦しているこの間にも、世界のグローバル企業は、次々に新たなテーマにチャレンジし、今までになかったビジネスモデルの構築に勤しんでいるであろう。GDPの数値が示すように、彼我の差は確実に開きつつある。

付言すれば、「眼前の課題」への対応でも、日本企業は多くの問題を抱えたままだ。製品やサービス、事業、そして企業自身も、放っておけばどこかで陳腐化する。グローバル化、デジタル化、ソーシャル化のうねりが押し寄せる時代においては、そのスピードも加速する。企業が生き残るためには、トランスフォーメーション（持続的変革）が不可欠なのである。

例えば、事業をROE（株主資本利益率）などの財務的な基準や、市場の成長性、社会の課題解決に対する貢献度といった非財務的指標などのモノ差しで冷静に評価、選別し、不採算部門については撤退の可能性を検討しなくてはならない。そうやって、常に「事業の見直し、新陳代謝」を行う必要があるのだ。

だが、欧米などの企業では当たり前のそうしたトランスフォーメーションが、日本企業は苦手である。「日本企業」と言ったが、それが経営者その人を指すことは、言うまでもない。この手の変革は、トップダウンでなければなしえない。かつそれは、身を切る痛み、生まれ変わることへの恐れを伴うものでもあるだろう。だが、そもそも然るべき時に決断するために、経営者はいるのではないのだろうか。

問題は、「当社にとって、すべての事業がコアである」「事業売却などもってのほか」といった経営者の固定観念、いわば「心の岩盤」なのである。企業を動かすのは、突き詰めれば人だ。トップの「心の岩盤」が生き残りに必要なトランスフォーメーションを妨げているのならば、それを突き崩さない限り、その会社はずっと危機を背負っていくことになる。あえて過激な言い方をすれば、「先輩を重んずる」という考え方が、日本企業の変革を妨げている。日本企業がここまで立ち遅れた現状を見れば、「先輩は戦犯」であるかもしれない。そうした発想の転換なくして、パラダイムシフトなどありえまい。

先が見えにくい環境に置かれているからこそ、いち早くキャッチアップ型の発想から脱却し、組織の長は自らフロントランナーとして時代を切り拓いていかなければならない。そこに必要なのは、さきほども述べた「構想力」だ。それをこれまで持てなかったことを、リーダーは自己反省しなくてはいけない。「構想力」なき「政治屋」や「サラリーマン社長」は有害でさえあることを自覚すべきである。

ここまで、「日本の危機」を中心に述べてきた。直視すればするほど、それは複雑で根が深く、もはや対症療法で改善が見込める段階にないことが分かる。

だがしかし、我々は座して衰退を待つわけにはいかない。グローバル化、デジタル化（ＡＩ化）、ソーシャル化のうねりにただ流されているわけにはいかないのだ。いかにして、その負の影響を最小限に抑え、成功の果実を手にしていくのか。新しい経済・社会システムの構築に向けて日本の針路を定めていかなければならない時だ。

今さら「やるべきことをやらなかった」過去を嘆いても仕方がない。何よりも大事なのは、あらゆる面で「過去の延長線上に未来はない」ことをすべての日本人が認識し、行動に移すことである。

第二章

「心」「技」「体」の揃った国家を目指して

未来からバックキャストして、なすべきことを考える

前章で見てきたように「過去の延長線上に未来はない」のであれば、今を生きる我々は、どこから手を付けて、何をなすべきなのか？　行動を起こすためには目標を立てなければならない。まずは、「あるべき未来」をしっかりと見定める必要がある。

我々が考える「未来」をひとことで提起するなら、それは「持続可能（sustainable）な社会」である。

例えば企業は、ゴーイング・コンサーン（継続企業の前提）として、社会が必要とする製品、サービスを提供し続け、雇用も維持・拡大していくことを期待されている。現実には、厳しい競争の下、「持続可能な経営」を維持するのは容易なことではないが、それを実現しなければ過去の隆盛も貢献も関係なく、いずれ滅ぶしかない。実は社会も同様で、「放っておいても同じ生活が続けられる」「誰かがなんとかしてくれるだろう」などと考えるのは、全くの幻想でしかない。

持続可能な経済、持続可能な財政、そして持続可能な地球――。あらためて目を向けてみれば、我々の「持続可能な暮らし」に欠くことのできないそのどれもこれもが、危機に瀕してい

るのが分かるはずだ。

前章の冒頭で挙げた日本が直面する〝不都合な真実〟に即して言うならば、「あるべき未来」は、「破綻の危機にあった国家財政を建て直しの軌道に乗せ」、「少子化・高齢化、人口減少に対して有効な対応策を見出し」、「貧困や格差、環境破壊といったさまざまなグローバル・アジェンダの解決に向けて世界をリードする」日本、ということになろう。

同時に、それはグローバル化、デジタル化（ＡＩ化）、ソーシャル化のうねりに呑み込まれるのではなく、その恩恵を社会・経済の発展に活用して力強い成長を取り戻した日本、「データ専制主義」の支配を許さず、本格的な「ＡＩ活用時代」の生き方を確立した社会でなくてはならない。

繰り返すが、眼前の課題は、有効な手が打たれなかったり対策を間違えたりしたら、日本という国が衰退し、やがて維持そのものができなくなる可能性を孕む危機である。その克服とは、すなわち危機の〝アンチテーゼ〟として「新たなる持続可能な社会」というグランドデザインを掲げ、その実現に向けた方策を具体化していく営みにほかならないのである。

それが、付け焼刃の対応でどうにかなる性質の課題ではないのは、明らかだ。また、手を打ったからといって、数年単位の短期間に見るべき成果が表れるものでもない。三〇年先、五〇年先の経済、社会、国家、地球を見据え、そこからバックキャスティング（未来の姿を想定し、そこから逆算して現在すべきことを考えること）をして、自己や自社や自国を足元から変えていく「戦い」であることを、理解し、覚悟する必要があるだろう。

最適な未来の設計図を描くために

我々が目指す「あるべき未来」について、もう少しだけ深掘りしておこう。

目指すべき目標は、多くの日本人が納得でき、その実現のために個々がその持ち場や置かれた状況で取り組めるものでなければならない。正しい危機感は、新しい時代を切り拓くモチベーションとして不可欠だが、同時に夢も語られるべきである。

「あるべき未来」は、ひとことで言えば、グローバルに、かつあらゆる分野で「最適化」が実現された社会である。前述の「三つの大変革」に即して考えれば、次のような絵が描けるだろう。

グローバル化が進展した社会

「グローバル化」は加速し、世界共通のハード・ソフトの活用というインフラ整備が進む。社会は高品質、低価格のインフラの恩恵を享受し、モノもサービスもテクノロジーも、自由に国境を越えて行き交う世界が実現する。

グローバル化した世界は、企業に対して否応なしに「他社との差異化」を迫る。従来の「製造業」「サービス業」といった分類は徐々にその意味を失い、企業は顧客や社会に対するソリューション・プロバイダー（課題解決策の提供者）に脱皮する。自社の個性をコア・コンピタンス（他社の真似できない核となる能力）に磨き上げ、それ以外については、大胆なオープン・イノベーションを進めることになる。

名実ともにダイバーシティが浸透した結果、比較優位の源泉は、人種、国籍、性別、年齢などの違いではなく、一人ひとりの個性にあるという認識が定着し、社会の活力はかつてなく高まる。民族や宗教、異文化への理解も深まり、人類共通の普遍的価値との最適化が図られる。

デジタル化（AI化）が進展した社会

「デジタル化（ＡＩ化）」に象徴されるイノベーションは、さらなるイノベーションを誘発し、留まることなく進展し続ける。蓄積されたビッグデータやそれを活用するＡＩは、容易にアクセス可能なインフラとなり、社会のさまざまな課題の解決に威力を発揮する。ＡＩ自体も、人間との相互作用を重ねつつ、際限なく進化していく。それは、「人間がやらなくてよい作業」「無意味な長時間労働」から人々を解放し、より付加価値の高い、クリエイティブな仕事に誘う。「毎日、定時に満員電車で会社に通う」というスタイルは完全に過去のものになり、働き方は多様化し、余暇や「家族と過ごす時間」を人々に十分保証する。

他方、あまりにスピードの速いイノベーションのさなかには、以前の時代に育まれた人間の心理や倫理、規範とのせめぎ合いが起き、ハレーションの生じる局面も予想される。しかし、人々はそれを見越して、イノベーションの先にあるもの、その果実に対する理解を広げる努力を重ね、大変革期に避けられない問題を克服しようとする。倫理や規範はイノベーションと向き合うことにより、新しい時代に相応しいものにアウフヘーベン（止揚）され、さらなるイノベーションの発展に寄与していく。

「データを握る者は、世界を握る」ことから、そこをターゲットに熾烈な競争が展開され、結果的に極端な寡占化が進む可能性もある。貴重なデータが単に私企業の儲けのために囲い込まれたり、特定の国家の利益のために悪用されたりしてはならない。そこにこそ、「新しい時代の倫理や規範」は適用される。社会では、データを守るグローバルなガバナンスが機能する。

あらゆるデータの生成・取得・利用・蓄積・廃棄は、データ・デモクラシーによる「監視」下にある。データの民間利用に関しては、個人の権利を保護した上で、それによる社会的なメリットが最大化されるべく、国際合意が結ばれる。デジタル化の進展で一層重要性の高まる安全保障上の課題＝サイバー・セキュリティについても、同様にグローバルな議論の枠組みづくりが進んでいる。

近未来には、技術的には生体、医療、資産、移動などに関する個人情報が、すべて捕捉可能・書き換え不可能になる。ただし、法律上は情報の匿名性や秘匿の権利が堅牢に確保され、「忘れられる権利」「つながらない権利」も定着する。データの活用と保護の関係は、社会的に最適化している。

このように高度にデジタル化した社会では、従来以上に個人の力が厳しく問われることになる。求められるのは、何を志向し、そのためにどのように個性を発揮していくのかという構想力と、さらにはそれを実行する意志である。それが、あらゆる付加価値の源泉になるのである。

そうした人材を育むには、今のような「暗記中心の偏差値主義」的な教育では、全く不十分である。デジタル時代の教育では、自然の摂理や真理を探究する理学のみならず、「人間とは何か」「何のために生きるのか」を突き詰める哲学の重要性が再認識される。知識を習得させるだけでなく、考える力、生きる力を涵養《かんよう》する教育を行うことは、ビジネスに限らず豊かな人生を送る糧を得られるようにするという意味でも、意義深いものになるだろう。

ソーシャル化が進展した社会

一方、「ソーシャル化」の進展は、民主主義の危機を救う。デジタル化の進展で、あらゆる場面で透明化、定量化が進み、「真理」は誰の目にも明らかとなる。もはや「今さえ良ければ、自分さえ良ければ」という発想の政治や行政は不可能になり、名実ともに「天下の政治は世論に従って決定すべき」という姿になっている。

ただし、それらの実現は、すでに指摘したフェイクニュースの跋扈《ばっこ》といったソーシャル・メディアの短所の克服が前提となる。この点でも、社会はそのカラクリや影響の甚大さを学習し、扱いに習熟しなければならない。そうすれば結果的に、サイバー（バーチャル）空間を利用した民意の形成力は、リアル空間のそれを凌駕するだろう。

あらゆる情報が捕捉可能で書き換え不可能な社会では、その不正利用防止などを目的とする外部監視力が、飛躍的に高まる。このことにより、行政や企業や大学といった組織体のガバナンスが他律的に担保されるのはもちろん、監視に晒されることで組織内部の構成員による自律的なガバナンスの向上を促す好循環が生まれる。企業などの不祥事が頻発するような土壌は、丸ごと入れ替えられることになる。

ソーシャル化で、民意が主導する政治は常識となり、それに相応しく選挙制度その他の改革が実行される。政治参加における透明性、公正性、投票価値の平等といった課題は、時代に相応しく最適化されている。日本国憲法についても、ここまで述べてきたグローバル化、デジタル化にそぐわない部分についての改正が実現するだろう。

二〇二一年に離陸する「Japan 2.0」

目指す社会を概観したところで、目標の時間軸に話を進めたい。バックキャストする「未来」は、いつに定めるべきなのか?

危機を打開し、来るべき時代に即した国づくりを進める指針として、我々は日本が目指すべき社会像についての提言「Japan 2.0　最適化社会の設計－モノからコト、そしてココロへ－」をまとめた。そこでターゲットにしたのは、「二〇四五年」である。その年、日本は「戦後一〇〇年」を迎える。

果たして日本は、先に語ったようなグローバル化、デジタル化(AI化)、ソーシャル化が本格化する中、世界の動きについていけるだろうか。折しも世界では、ちょうどその頃、人工的につくり出されたAIの知性が、地球上の全人類の知性の総量を上回る「シンギュラリティ」が起こるとも言われている。

ちなみに、現在一億二六〇〇万人余の日本の人口は、推計では二〇四五年には一億二〇〇万人と、一億人割れ寸前にまで落ち込む予想だ。この先、多少出生率が上昇したとしても、少なくともこの二五年で出生数の劇的な改善は見込めまい。マイナス二四〇〇万人と言えば、東京

【図表２-１ 日本の人口の将来推計】

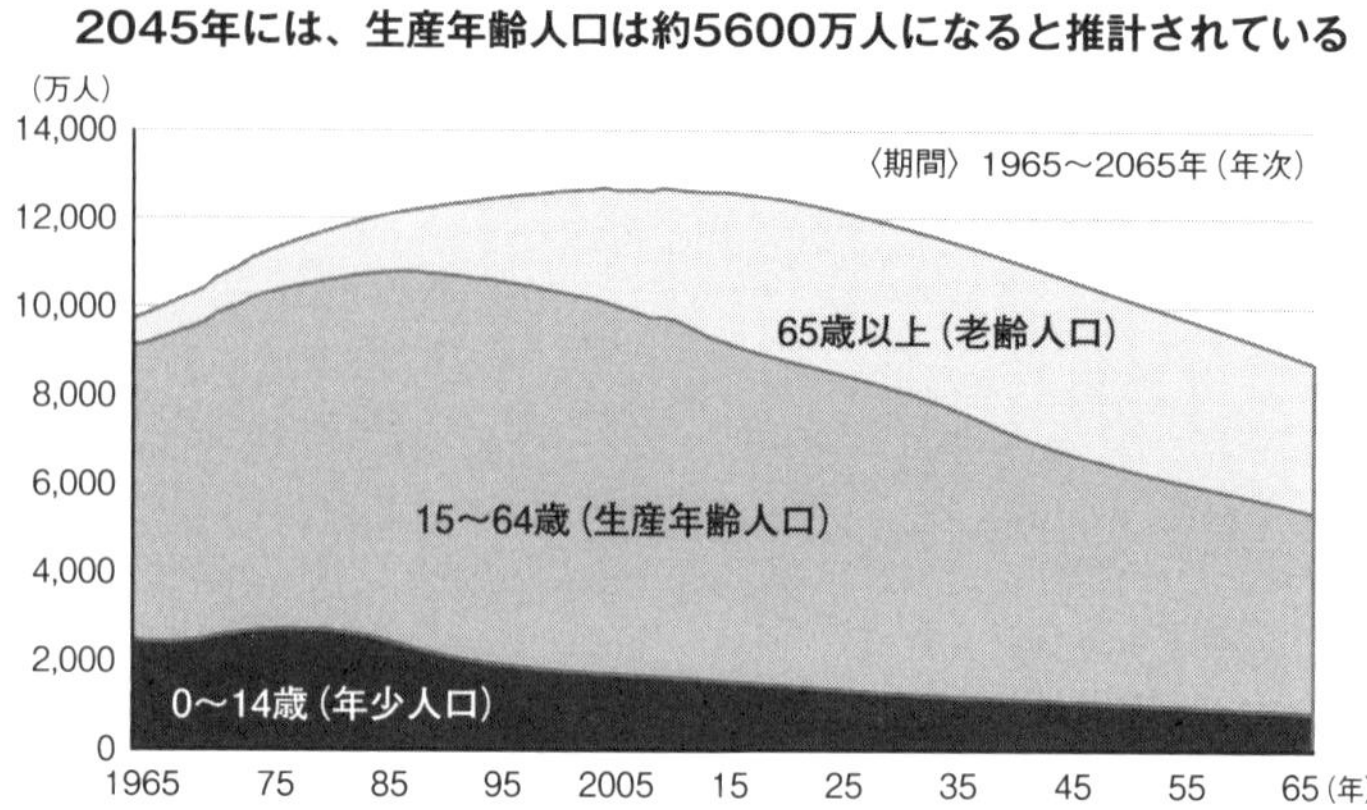

※出生中位（死亡中位）推計、2016年以降推計値

出所：国立社会保障・人口問題研究所「日本の将来推計人口（平成29年推計）」のデータを基に経済同友会作成

二三区が二つ半ほど「消える」計算だ。ロボットやＡＩなどを活用した生産性の向上は不可欠で、それが実現できなければ、日本経済はどれほどのシュリンクを余儀なくされるだろう。課題克服の切実さは、そんなところからもうかがえる。

さて、「持続可能な社会」の実現にめどをつけるのが二〇四五年だとすると、基点はどこになるのか？　我々は、それを二〇二一年に設定した。

終戦直後の一九四六年四月に新進気鋭の中堅企業人有志八三名が結集して誕生した経済同友会は、二〇一六年に創立七〇周年を迎えた。一九四五年〜二〇一六年までの約七〇年間を「Japan 1.0」とするなら、それはわが国が焦土から奇跡の復興を遂げ、世界でも稀な高度経済成長を実現した時代であった。「欧米に追いつけ、追い越せ」をスローガンに、世界第二位の経済大国にまで上り詰める下支えになったのが、均質な教育を受けて製造業に従事し、大量生産・大量消費の担い手だった労働者たちである。

ところが、名実ともに欧米にキャッチアップすることができたと多くの国民が実感していた九〇年代初頭、バブル経済がもろくも崩壊し、そこから二〇年近くの貴重な時間を、日本は失うことになった。財政悪化や少子化・高齢化といった戦後日本社会の負の側面が徐々に顕在化し、意識されるようになったのも、この頃だ。

躍進、のち右肩下がり――。今何もせず、その Japan 1.0 の軌跡を漫然と辿るだけなら、数十年後にこの国がどうなっているのかは、火を見るより明らかだろう。そうではなく、「過去」の総括の上に、停滞を招いたすべてのものときっぱり決別して、東京オリンピック・パラリンピック後の二〇二一年を境に新しい日本社会を築いていく、すなわち戦後築いた経済社会システムからの脱却とバージョンアップこそが、Japan 2.0 の狙いなのである。

これは、例えば世界経済フォーラム（ダボス会議）の創設者であるクラウス・シュワブの唱える「第四次産業革命」や、日本政府が提唱する「ソサエティ５・０（Society 5.0）」などとは、やや性格の異なる提言だ。

前者は、まさに前章で述べたデジタルトランスフォーメーション、すなわちＡＩ、ＩｏＴを

【図表２-２ バックキャスティングで実現を目指すJapan 2.0】

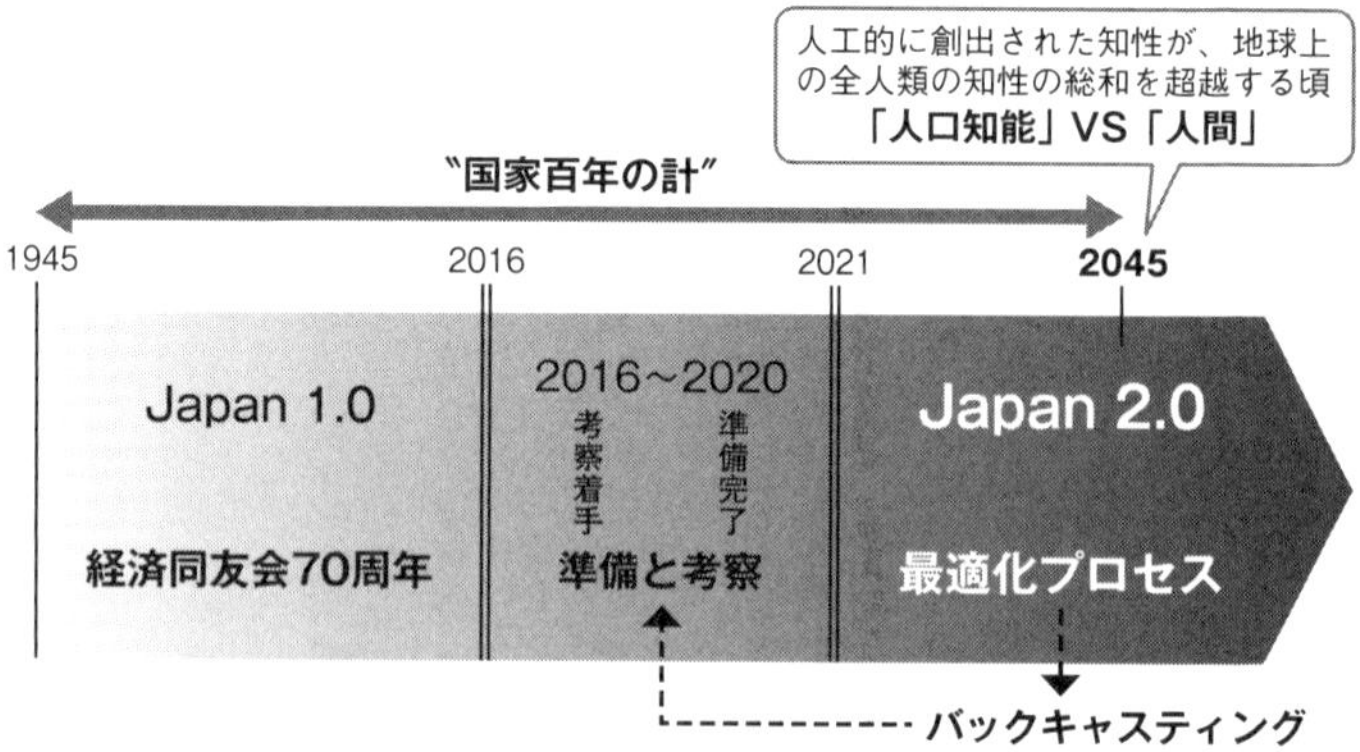

核とした産業、社会の大変革を指し、後者は「サイバー空間とフィジカル空間を高度に融合させたシステムにより、経済発展と社会的課題の解決が両立する、人間中心の社会」と定義する。ネーミングは異なれど、「ネット時代に代わるデータ・セントリックな世の中」を予測するという点で、両者は同じことを述べていると言っていいだろう。いずれにせよ、社会や産業に時代を画すような変化が進行中だ、と指摘するのだ。

しかし、Japan 2.0 の設定する二〇二一年～四五年には、あえてそうした「時代の意味」を付与してはいない。そうではなくて、「日本を作り変え、持続可能な社会を実現すべきなのはいつか？」という時間軸から検討し、提起したものなのである。言い方を変えれば、「この期間にやらなければ、目標を実現するのは不可能だ」というのが、我々の理解であり、決意でもある。「第四次産業革命」といった概念は、我々のミッションを遂行する上で、当然踏まえなくてはならない現実、という位置づけになるだろう。

二〇二〇年に開催される東京オリンピック・パラリンピック関連の需要に支えられ、それまでの日本経済は堅調と予測されている。だが、何もしなければ、二〇年以降に大きく潮目が変わる公算が大きい。未来は「予測」するものではなく、「創る」ものだ。日本経済が失速していくシナリオを書き替えるために、全力を振り絞ってJapan 2.0を離陸させなければならない。

もう一つ大事なことがある。Japan 2.0を推進する中心にいるべきは、あくまでも若者たちだということだ。「果敢かつ俊敏にチャレンジする彼ら」が主演し、知識と経験の豊かな上の世代には、助演者として彼らをサポートしていくという重要な使命を担ってもらう必要がある。そうやって必要な新陳代謝を繰り返していく姿こそ、「持続可能な社会」を体現したものにほかならない。Japan 2.0は、従来の日本があまり得意ではなかった世代交代を活性化させ、「社会の作り替え」を促進することになるはずである。

リアルとバーチャルが織りなす「複素数経済」

Japan 2.0の中身をさらにくわしく語る前に、もう一つだけ述べておきたい。
第一章で、世界は「グローバル化」「デジタル化（AI化）」「ソーシャル化」という三つの

【図表2-3　大変革のうねりと関係性の変化による「社会的インパクト」】

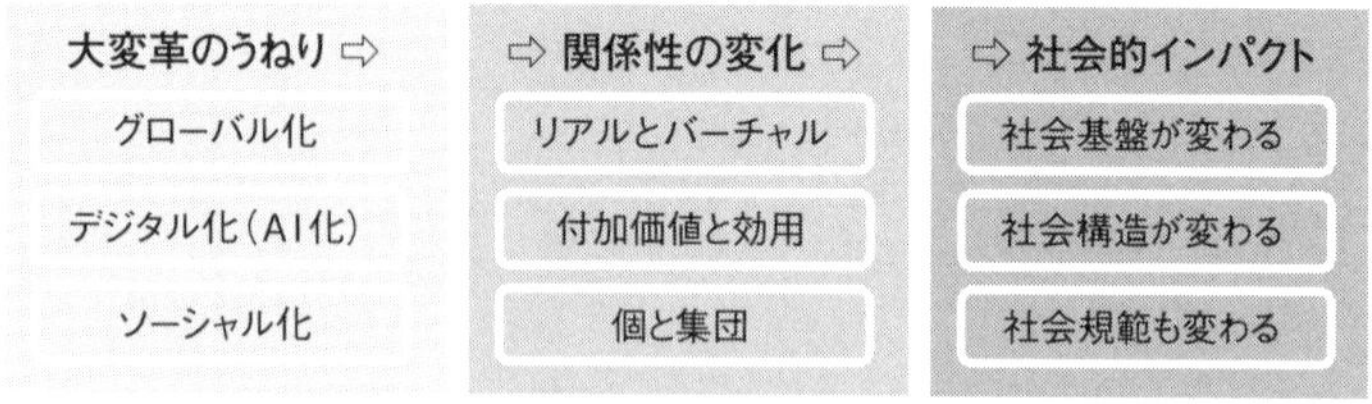

大変革のうねりの中にあると述べた。我々は、このうねりは、「リアルとバーチャル」「付加価値と効用」「個と集団」という三つの関係性に変化をもたらし、さらに社会基盤、社会構造、社会規範さえも大きく変えていくと考えている。

今我々が立っている時代の変曲点で何が起こりつつあるのかは、この三つの関係性の変化について考察することで、クリアに認識できるだろう。激変期を乗り切る上で、その認識は不可欠だと考えるのだ。

「リアルとバーチャル」から説明しよう。端的に言うと、リアルとはモノに代表される「重さのある経済」であり、バーチャルはインターネットに代表される「重さのない経済」のことである。

日本経済は、明治の殖産興業以来、製造業を基点に発展を遂げてきた。しかし、日本に限らず、いまや付加価値の比重はモノからサイバーに移行しつつある。ネットの誕生で、「重さゼロ」の情報の価値が飛躍的に高まり、その流れはますます加速するに違いない。

そのような環境に置かれる日本経済は、「$z=a+bi$」という複素数で表すことができるだろう。わざわざ数式を持ち出したのは、そ

【図表2-4「重さのある」経済と「重さのない」経済】

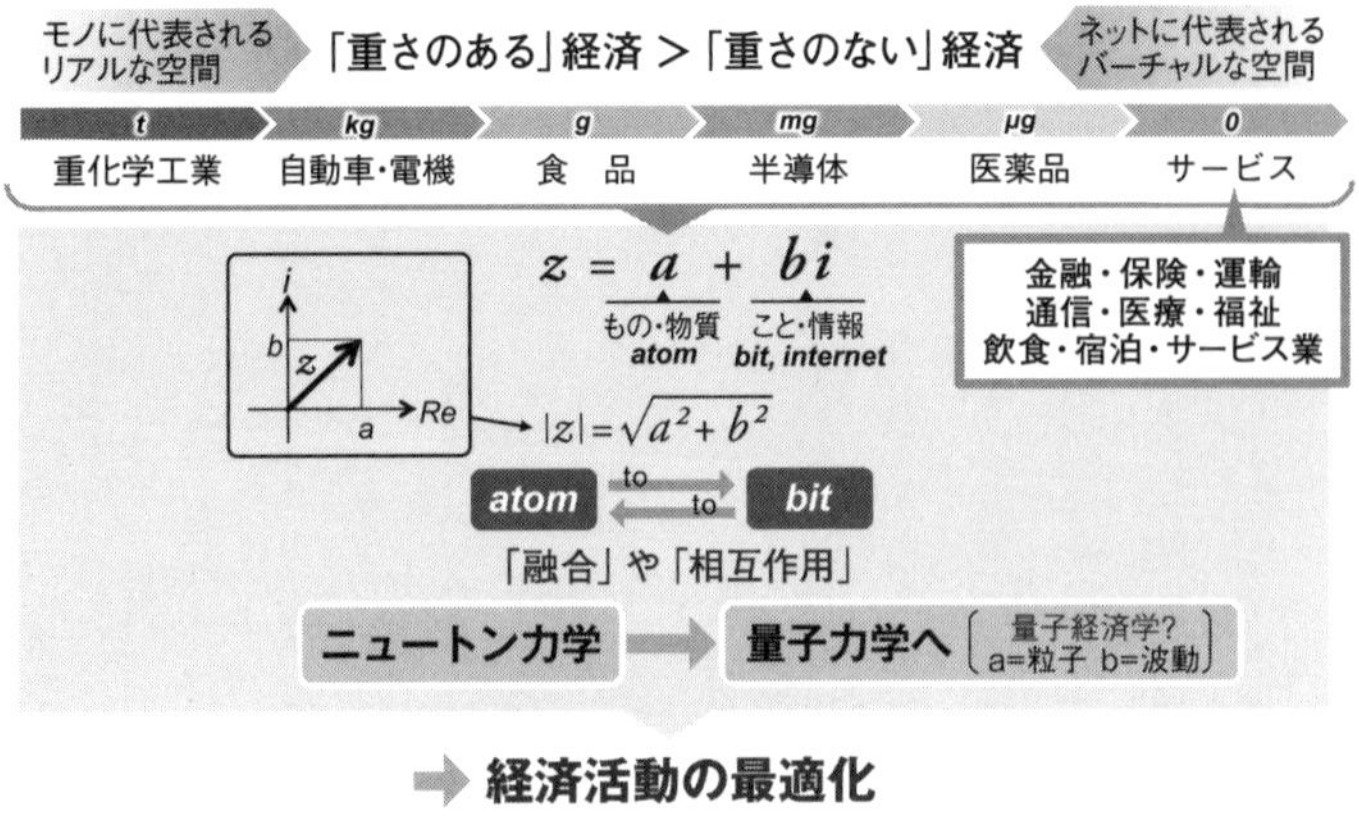

れが二〇二一年以降の経済状況をきれいに表現できるからにほかならない。次のように説明すれば、数学が苦手な人にも分かってもらえるのではないか。

　ここで「a」は「アトム（atom）」を意味する。重さを持ったアトム＝原子からできた物質が行き交う、経済のリアルパートである。「b」は「ビット（bit）」だ。デジタル情報の最小単位、1か0かの世界を表している。その空間を特徴づける「i」には、バーチャルの不可欠なツールである「internet」と、本来の複素数計算で使われる「虚数（imaginary number）」の二つの意味を持たせている。虚数とは、二乗すると-1になる、「実際には存在しない数」のこと。「重さのない経済」を理解するのにぴったりではないか。

　このリアルとバーチャルの総和によって、「z」すなわち経済の大きさが決まっていく。かつての製造業中心、「z＝a」で足りた経済は、ハイブリッド系の「複素数経済」へと、まさに変貌を遂げつつあるのだ。

今後、経済に占める、重さのない「ビット」の比重は高まるだろう。だがそれは、「アトム」の重要性が低下することを意味しない。例えば、3Dプリンターは、データを流すことによって、たちどころにモノづくりを実行する。このように、「アトムからビットへ」「ビットからアトムへ」という切れ目のない、複雑な連鎖を通して発展していくのが、Japan 2.0が想定する経済なのである。

だから、「なんだかんだ言っても、日本は製造業中心で生きていくしかない」という抜き難い思い込みは、きれいさっぱり捨て去らなくてはならない。むろん、製造業と縁を切れということではない。複素数経済に変わりつつある新たな日本の産業構造の中に、製造業をどう位置づけるのか、という発想が求められているのである。

いまや、モノづくりは先進国の専売特許ではない。そこだけで勝負しても、あっという間に追いつかれ、過当競争の餌食になってしまうだろう。現在はサービス産業の生産性向上が急務であり、製造業のサービス化が高付加価値の要である。したがって産業構造は「モノづくり」から「コトづくり」への転換を加速しなければならない。

ＧＤＰ偏重の「危険性」

次に「付加価値と効用」の関係性における変化についてであるが、これは、成熟経済下で顕著になる経済活動の本質部分と言っていいだろう。

一般的には、「付加価値」は企業などが生産過程で生み出す価値であり、「効用」は人々がそうした企業活動によって提供される商品やサービスを消費する時に得られる満足の度合い、あるいはその使用価値と理解されている。しかし、ここでも、旧来の「公式」の通用しない状況が生まれているのだ。

主要な経済指標であるＧＤＰは、付加価値の総和である。これは、人々が物質的充足で満足し、幸福だと感じる社会では、疑いなく「正しい尺度」として受け入れることができるだろう。ＧＤＰが右肩上がりであれば、国民は幸せを享受できた。

ところが、高度経済成長を成し遂げ、バブル経済を経験し、日本は物質的に満たされた社会に変貌した。それと同時に、モノを手に入れることを中心としていた生活様式も、もはや過去の話となった。グローバル化の進展、イノベーションの加速は、優れたモノやサービスがより安価に次々と供給される世の中を実現したのである。

こうなると、ＧＤＰだけで経済のありようを測るのは難しくなる。人々が感じる豊かさの実情、すなわち効用という測定基準を整備し取り入れなければ、経済活動の本質部分は分からない。例えば、かつては何千万円もしたコンピューターだが、現在は同程度以上の性能を持つコンパクトなスマートフォンが、数万円も払えば手に入る。金額ベースの生産・消費額は小さくなるが、人々の満足度や利便性は、間違いなく向上しているのだ。

さらに言えば、そもそも物質的な面のみに豊かさを求めない志向が、若者世代を中心に広がりつつあることもみておく必要がある。バブル時代を知らない世代は、社会的格差の問題や、将来の生活への展望、さらには環境問題などをはじめとする社会の持続可能性といった点も、豊かさを構成する重要な要素として考えるようになっている。

産業構造が「モノづくり」から「コトづくり」にシフトするのに伴い、ＧＤＰなどの経済を測る尺度は「モノ差し」から「コト差し」に転換しなければならない。さらに、個人の欲求が大きく変容する中で、経済・社会を複眼的に捉える尺度として「ココロ差し」が重要になる。これについては次章でも触れたい。

そうした状況にあるにもかかわらず、いまだにＧＤＰの成長率のみに目が行って、人々が求める豊かさは正確に理解されない。これは、間違いであるだけでなく、危険でもある。経済指標は、例えば消費税率引き上げの議論に影響を与える。成長率を横目に、解散・総選挙が決断されたりもする。そもそも、豊かさが捉えられなければ、その反対側にある不満、不安を捕捉することもできまい。

政府は「二〇二〇年度に、名目GDPを六〇〇兆円まで引き上げる」という目標を掲げている。一七年のそれが五五〇兆円だから、仮にそこから三パーセント成長が三年続けばギリギリ達成できるというかなりハードルが高いものだ。ちなみに五五〇兆円という数字には、目標を定めた後の一六年七~九月期改定値から導入された国連の新基準も「貢献」している。これまで「経費」とされてGDPに計上されなかった研究開発費が「投資」として算入されたほか、戦車などの防衛装備品、不動産仲介手数料といった項目が新たに組み入れられたのだ。都合三〇兆円強、従来の数字を嵩上げしている格好だ。

GDP統計が無意味だと言うのではない。それがより経済の実態に近いものになるのなら歓迎だ。だが、GDPのみに固執し、その成長率達成が自己目的化する愚は、避けなくてはいけない。経済指標の目的は、真の豊かさを測り、それを基に打つべき経済政策の実行に資することにあるはずだ。

Japan 2.0 の実行に際しては、付加価値と効用の変化、人々の豊かさに対する認識の変化を、十分念頭に置く必要がある。経済同友会は二〇一六年、そうした観点から新たな経済指標群「GNIプラス」の構築を提唱している。それについては後述したい。

すべては「個」から始まる

三点目の「個と集団」には、「国家と地域・世界」「市民と議会」「経営者と企業」「地方と国」といったさまざまなバリエーションがある。それぞれについて、やはりその関係性が変化しつつあることを正確に捉える必要があるだろう。

「国家と地域・世界」では、すでに述べたように、東西冷戦終結後、緩やかに統合の方向に向かっていた世界が、英国のEU離脱問題、米国トランプ政権の登場、さらには「米中貿易戦争」の勃発などにより、わずか数年でその景色を変えてしまった。「自国優先」は、ある意味国家の本能であろう。しかし、行き過ぎればあるべき秩序を破壊し、やがては自らの首を絞める結果にもなりかねない。

そうした中で、日本主導でTPPの合意が実現し、また日本とEUとのEPAが発効した意味は大きい。現在の保護主義的な流れを一過性のものと楽観視することなく、世界に再び融和、融合を取り戻す努力を重ねるべきである。

国内政治の分野に目を移すと、Japan 1.0は長く保守と革新のイデオロギー対決が続き、疲弊した時代だった。二〇一二年の第二次安倍晋三政権の誕生からようやく政治基盤は安定し、

ＴＰＰの合意といった外交的成果も上げたが、半面で長期政権となるにつれ不祥事も散見されている。

Japan 2.0 の期間が、どのような政権によって担われるのかは分からないが、大変革の時代に相応しいリーダーシップを発揮してもらわなくてはならないことは、言うまでもない。そうした強い自覚を持った政治家の登場を望むと同時に、我々自身がポピュリズムに幻惑されることのない、賢い選挙民でなければならない。

企業経営者がトランスフォーメーションを怠った結果、欧米企業などとの差を広げられている現実や、その打開のために自ら「心の岩盤」を突き崩す必要があることも、すでに述べた。まだまだ遅れているＭ＆Ａや、事業の思い切った「選択と集中」の実行は、文字通り時代の要請だ。

いずれにせよ、国民一人ひとりが自立し、所属する組織、会社、地域、国と理想的な関係を結ぶことができなければ、どんなビジョンも絵に描いた餅であろう。時代は、何よりも我々自身に、強く変革を促している。

国家価値を三次元で解析する

それでは、「持続可能な社会」「最適化社会」を目指すJapan 2.0の話をさらに進めていくことにしよう。

目標の設定に向け、我々は「そもそも最大化すべき国家価値とは何か?」を明確化しようとした。それがなければ、やるべきことの方向性は定められず、達成度を評価することも、方針に必要な修正を加えるようなことも、ままならないからだ。

しかし、あらためてそう問われると、答えは簡単ではない。少なくとも、国家価値を単独の定義で語るのは不可能だ。戦後復興の時期ならば、経済成長というスケールがあれば事足りたかもしれないが、深刻化した国家の危機と対峙し、デジタルトランスフォーメーションの荒波を乗り越えなくてはならないJapan 2.0においては、それだけでは海図となりえない。

現代の国家価値の解析・評価は、三次元で捉えれば理解しやすい。これが我々の結論である。そのモデルには、X軸＝経済の豊かさの実現、Y軸＝イノベーションによる未来の開拓、そしてZ軸＝社会の持続可能性の確保——という三つの軸を設定した。国家価値は、「あるべき未来」に欠かせないX・Y・Zというベクトルの合力にほかならない。そしてその最大化を志向していくのだ。
加えて、三軸の目標設定においては、それぞれの「時間軸の違い」も頭に入れておく必要がある。X軸は、国レベルでは中長期の展望を持ちつつ、企業レベルではマンスリー、クオータリーでさまざまな指標、数値を確認し、常に見直しを行っていくことが肝要である。Y軸は、一〇年、二〇年のオーダーで考えるべきだろう。Z軸は、課題によっては一〇〇年先を見越した取り組みが必要だ。そうしたイメージの下に、実現に向けた戦略を具体化することが重要になる。

【図表2-5 3次元解析による国家価値の最大化】

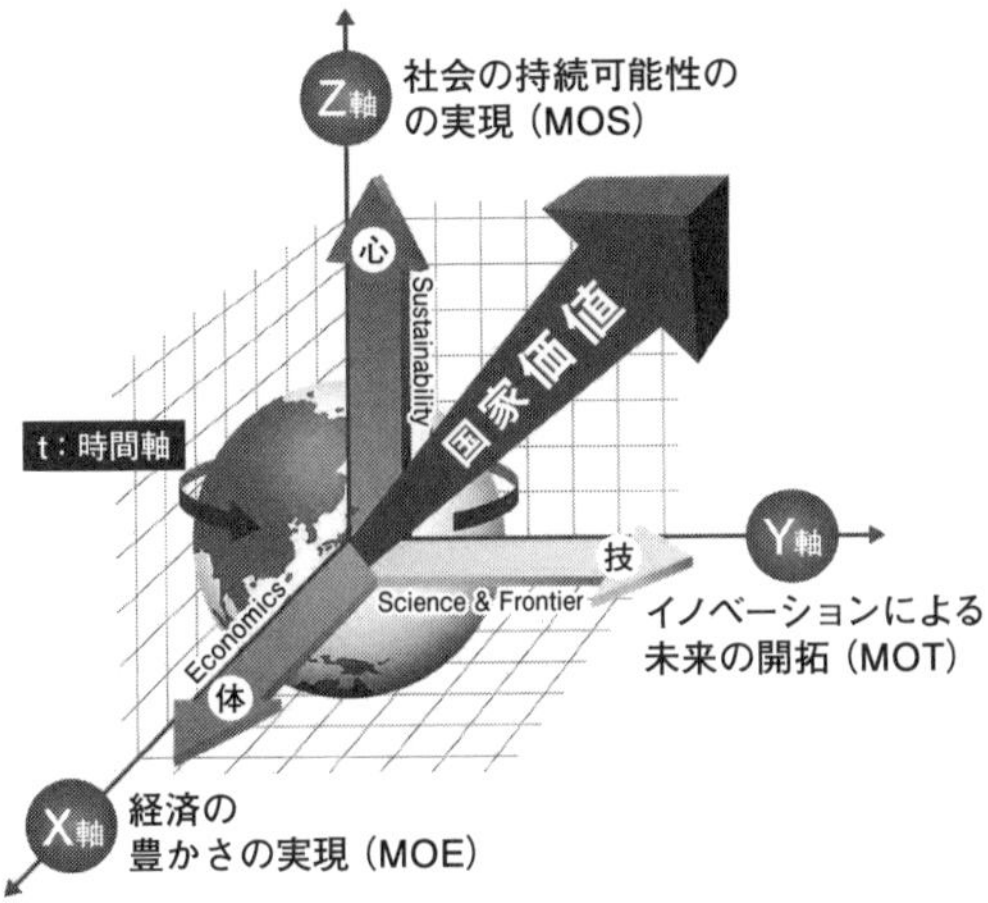

X・Y・Zのどれか一つだけが突出しても、反対に著しく足りないベクトルが存在しても、合力を伸ばすことはできない。それぞれが「正しさ」を追求したにもかかわらず、足してみたらそうはならない「合成の誤謬《ごびゅう》」があっても同様だ。常に三軸のバランスを取りつつ、その相互作用によるシナジー効果を呼び込んでいった時、我々は目標に近づくことが可能になるだろう。

「国家価値を三次元で捉える」というのは「理系的」な説明だが、「文系的」に言うと、これらのベクトルは「心」「技」「体」にたとえることができる。国の経済発展、豊かさを生み出すX軸は「体」である。技術で勝負するY軸は「技」、社会性が問われるZ軸は「心」そのものだ。人間同様、企業も国家も、この心技体が揃って充実してこそ、困難を乗り越え、成長することが可能になるのである。

X軸を担う企業活動

X・Y・Z三軸に対する理解を深めてもらうため、その担い手にも言及しつつ、それぞれの課題と展望について、総論的に述べておきたい。

X軸（体）＝経済の豊かさの実現で問われるのは、「MOE」（Management of Economics）の力量である。ここで決定的に大きな役割を果たすべきなのが企業であることは、言うまでもない。

企業経営に落とし込んで考えてみると、MOEには、ROE（株主資本利益率）、ROA（総資産利益率）、ROIC（投下資本利益率）、ROS（売上高経常利益率）といったさまざまな定量化されたモノ差しがある。きれいごとを言っていても、企業は儲けがなければ立ち行かない。

これらの指標に照らして経営を最適化させ、より高い売り上げ、利益の確保を目指すのは、当然のことだ。

ただし、高齢化社会が加速、財政破綻の危機に直面し、資源エネルギー価格でハンディキャップを背負う日本では、従来の経営手法で同じようなパフォーマンスを発揮するのは困難になっている。コモディティは中国に凌駕され、半導体、液晶パネルなどのかつての稼ぎ頭も、海外勢にすっかりシェアを奪われた。そもそも日本企業が、これから「何で」「どうやって」稼いでいくのかが大きな課題になっていることは、述べてきた通りである。困難ではあるが、そこに解を見つけない限り、国家価値の最大化など、夢物語に過ぎないことになる。

その際、さきほどの「リアルとバーチャル」の関係性を、各企業レベルでしっかり認識できるかが、やはり成長に向けた鍵になるだろう。社会のニーズの変化をいち早く的確に捉え、「リアルとバーチャル」の総和の最大化を目標にしなければならない。

モノやサービスの「性能と価格」を基準としていた国際競争の質は変わり、さらに激化していく。政府は、その中で優位性を発揮しようとする企業をフォローし、あるべき成長戦略を明確に描く必要がある。

デジタルトランスフォーメーションの波に乗る

Y軸（技）＝社会、産業のイノベーションに必要な「MOT」（Management of Technology）の主な担い手には、企業とともに大学、研究機関が位置づけられる。

人類は、これまでもさまざまなイノベーションにより、新しいモノを生み出し、便利なサービスを実現させてきた。だが、すでに始まっているデジタルトランスフォーメーションは、単なる技術革新の枠を超えた「変革」「革命」である。その渦中において、加速するデジタル化も活用しつつ、いかに世の中に対して新たな価値を提供する先端技術を生み出すことができるのか？「イノベーション立国」は、資源を持たず、人口減少が進む日本が生き残るために、是が非でも達成しなくてはならない目標なのである。

イノベーションがあらゆる産業分野で推進されなければならないのは当然だが、国レベルで、核となる先端技術領域を見極め、異業種の参入も含めた裾野の拡大を図ることが、とりわけ重要になるだろう。「イノベーション立国」の成否は、優位性を持つ分野の技術力で世界の課題解決に貢献し、地球や人類の持続可能性を高めることができるかどうかにかかっている。

ターゲットになるのは、より快適な暮らしを追求する「情報技術」、健康・長寿に貢献する

「医療技術」、持続可能な地球を実現する「環境技術」といった領域になるのではないだろうか。情報技術は、ＡＩ・ロボティクス、ＶＲ（仮想現実）、ＡＲ（拡張現実）、ＭＲ（複合現実）などによる、「脳の外部化」である。医療技術のコアになるのは、分子生物学であり、再生医療である。ただ寿命を延ばすのではなく、いかに健康長寿を実現するかを目標に技術開発が競われることになる。また、環境技術は、人工光合成や再生可能エネルギーによる地球環境問題、資源問題の解決に寄与することになる。二〇一九年一月、ダボス会議での安倍総理のスピーチの中で人工光合成、光触媒に触れたことは、意を強くするものだった。

注意すべきは、これからのイノベーションは、ある産業分野に単独で起こるものではなく、それぞれが融合しつつ、新たな価値を創造していくかたちになるということだ。この視点を忘れると、現状で日本に優位性のある医療や環境といった分野であっても、一気にその立場から滑り落ちる危険性がある。

こうしたイノベーションのためには、政策面で、特にデジタル化に適した規制緩和、ないし新たな規制・制度の設計が不可欠である。技術革新の加速に対応して、それを短時間で事業化し、社会実装できる環境づくりを急ぐ必要がある。研究開発に際しては、旧来の「オールジャパン」の発想を捨て、グローバルなオープン＆クローズド戦略を展開すべきだろう。「イノベーション立国」に相応しいインフラの構築も欠かせない。すなわち、世界最先端の研究環境＝「マザー・ラボ」、世界で勝てる製品・サービスの生産基地＝「マザー・ファクトリー」、世界一厳しい消費者が鍛え上げる市場＝「マザー・マーケット」である。これらを整備することで、世界中から集まる最高の人材と、拠点の集積を現実のものとしなければならない。

個々の企業も、デジタル技術を活用したイノベーション創出に適したスタイルに脱皮することが求められる。技術開発を加速するために、事業構造、組織体制、人事制度、人材育成から企業文化に至るまで、丸ごと考え直し、作り替えていくべきである。

大学や研究機関の改革も、述べてきたような視点を明確に織り込んで進めるものでなければなるまい。グローバルな大学間競争が激しくなる中で、ＡＩや車の自動運転、材料開発、光・量子技術といった分野をはじめ、積極的な産学官連携を推進する必要がある。研究機関が、イノベーション力、人材育成力、資金調達力を飛躍的に高めるためには、統合的・有機的な戦略の策定と、立ち遅れるガバナンス改革が不可避であることも、指摘しておきたい。

十八歳人口が減少する状況下、経済社会の変化に対応して学ぶリカレント教育のあり方も含めて、政府はどの地域にどのような分野・規模の高等教育機関が求められるのか、グランドデザインを描いて実践していく必要がある。ＡＩや量子コンピューティング技術が普及してくる二十一世紀半ばを見据えて、そこで求められる人材を育てるための初等・中等教育のあり方も、検討を急がねばならないだろう。

長期的視点で、国の姿をデザインする

最後のZ軸（心）＝社会の持続可能性の確保に必要な「ＭＯＳ」（Management of Sustainability）は、国によって一〇〇年オーダーの超長期的視点をもって行われるべきものである。経済成長もイノベーションも、社会が崩壊してしまっては、成しえない。そういう意味で、二〇四五年に向けた諸政策で最も重要視すべきは、このZ軸だと言ってもいい。

とはいえ、「社会の持続可能性」とは、それだけでは茫漠とした概念だ。多岐にわたる課題を整理し、目標を明確にする必要がある。経済同友会では、「労働市場」「教育」「社会保障」「財政」「環境・資源エネルギー」「安全保障」の六つの政策分野を取り上げて検討を加え、その結果をJapan 2.0に提示した。

どれも日本が避けて通れないテーマだが、これまでのように「今が良ければ」「自分さえ良ければ」と、それを先送りする時間は残されていない。複雑化する課題を前に、「白か黒か」という二元論を排し、最適化に向けた努力を重ねていかなくてはならない。

日本にとって、特に重要な政策課題が、財政健全化である。財政に関しては、消費税率一〇パーセントのさらに先を見据えた議論を急ぐとともに、社会保障関係費の抑制なども含む聖域

なき歳出削減が、どうしても必要になる。財政再建は、「出ずるを制する」ことなくしてありえない。この当然の事実に対する国民的理解を広げ、実行に移さねばならない。

全世代型で手厚い社会保障制度の確立は、国家の理想である。だが、財政の制約を無視すれば、持続性は失われる。高齢世代に偏重した給付構造の改革、所得に応じた負担の適正化といった、受益と負担のさらなる最適化を図る必要があるだろう。

地球環境問題をはじめとするグローバル・アジェンダの解決も、わが国に課せられた重大な責務である。例えば、Japan 2.0の目標年度である二〇四五年、日本の人口は一億人近くに減少するが、世界人口は逆に九五億人まで膨れ上がると予想されている。Y軸で述べた環境技術により、限りある資源である食料、水、エネルギーの不足に解を提供するといった貢献は、日本の国家価値を大きく高めることにもなるはずである。パリ協定の合意に従い、引き続き温室効果ガスの排出削減で目に見える成果を導くことも、重要な課題と言えるだろう。

持続可能性の追求は、「痛み」を伴うことも多い。変化に対する不安が期待を上回れば、改革への抵抗は強まるだろう。「持続可能な社会」とは、言い換えれば「多様性が尊重され、誰も変化に取り残されることがない、インクルーシブ（包摂的）な社会」である。先に挙げた六つの政策分野の最適化は、ほかならぬその実現のためにある。政府には、それを分かりやすく国民に提示し、改革の主体者として立ち上がってもらうための構想力が求められている。

三軸の「矛盾」を乗り越え、好循環サイクルをつくる

ところで、ここまで読んで疑問に感じることはないだろうか？　例えば、ある企業がZ軸に貢献するために、CO_2の排出量を減らすべく、工場設備を更新したとする。すると、そのための投資は、X軸の示す利益にとってマイナス要因として働くのである。「心と体」がバラバラでは、最適化はおぼつかない。いくら社会の持続性に貢献しようとも、儲けが減るのでは、それをやろうというモチベーションは生まれにくいように思える。

ここで、さきほど説明したX・Y・Z軸それぞれの時間軸の違いを思い出していただきたい。確かに、投資を行うと、評価の時間軸が極めて短いX軸にはマイナスが刻まれる。しかし、時間が経つにつれ、評価の針は徐々にプラス方向に向かうのである。

これは、X軸とY軸について考えると、分かりやすい。毎年研究開発に投資するお金は、X軸の負荷となる。だが、後にその技術が花開けば、マイナス分を取り戻し、会社の成長に寄与するだろう。もちろん、開発がうまくいかないリスクはあるが。

この関係は、実はX軸とZ軸の間でも成立する。今の例で言えば、CO_2の排出が減るという事実は、すなわち省エネが実現することを意味する。エネルギーコストの削減は、X軸の伸

長にも貢献するのだ。

それだけではない。例えばCO_2を減らしたり、目標を立てて植林したりという活動が、消費者に悪い心証を残すことはない。それは、企業の人材確保にとっても、有利に働くはずである。何より、中で働く従業員に、「社会貢献している会社の一員だ」という意識を芽生えさせる。どれもX軸の伸長要因になりうる、重要な変化ではないか。

国連は二〇一五年に、三〇年までに貧困や飢餓を根絶する、気候変動に具体的な対策を講じる、といった一七の目標を定めた「SDGs」（持続可能な開発目標）を提唱した。

また、世界では「ESG」（Environment, Society, Governance）という用語が、すっかり定着している。企業価値を測るのに、従来の業績や財務情報だけでは不十分で、経営の持続可能性を評価するために、「環境」「社会」「ガバナンス」という非財務情報（記述情報）を取り入れよう、という考え方だ。一七年には、世界最大の機関投資家であるGPIF（年金積立金管理運用独立行政法人）が、「ESGインデックス」を導入し、株式投資の運用に活用していくことを明らかにして、注目された。企業がX軸を伸ばすためのサポーターである投資家が、「御社の社会的活動がどのように儲けにつながっているかを見てお金を出します」と言っているのである。

Z軸は、このSDGs、ESGとベクトルを同じくする。「X軸とZ軸が矛盾しない方向」

に、世の中が確実に動きつつあることを認識すべきだろう。

この関係性は、国家のレベルにももちろん当てはまる。抜本的な少子化対策を講じたとしても、その成果が実感できるのは五〇年先、一〇〇年先になるだろう。逆に言えば、やり方を間違えなければ、危機的な日本の人口問題を将来必ず解決に向かわせることができるはずである。

ところで、X・Y・Z軸は、それぞれ独立したベクトルでありながら、さまざまに関連し合い、相互作用を与え合う。それは「矛盾」どころか、社会の最適化に向けた「正のスパイラル」を実現するエンジンとなるだろう。このことを正しく理解するのもまた、重要だ。

例を挙げよう。ガソリン高が恒常化したら、それぞれのベクトルに何が起きるか？

X軸では物流価格の上昇、自動車による外出の制限といったマイナスが生じるだろう。Y軸はというと、自動車メーカーがガソリン車に代わる電気自動車（EV）の開発と普及をよりスピードアップさせるようになり、Z軸ではガソリン車の走行減少によるCO_2削減が進む。

EVの普及によって伸長を見せたX軸も、やがてその製造に欠かせないレアアースが不足し高騰すると再びマイナスに陥る。するとY軸では、産学官の研究機関が代替材料の開発で状況を打開し、その結果Z軸では、レアアースをめぐる国際紛争リスクが軽減するだろう。

一方、ガソリン需要の減少と人口減が相まって、給油所の統廃合が加速する。X軸の視点からは、特に地方における生活の利便性喪失が懸念される事態となるが、Y軸では自治体が中心となって、ライドシェアやコンパクトシティ化などの社会的イノベーションを実現し、問題解決が図られる。その結果、Z軸で地域社会が活気を取り戻す、というわけだ。

X軸の直面した問題が、Y軸でさまざまな組織体にイノベーションを促し、その成果がX軸に還元され、Z軸の最適化にも貢献していく。意識的にZ軸の価値を高めることが、X軸の成長に寄与することもあるだろう。このような好循環を生み出し、成長を実現していくのが、国家や企業、あらゆる組織を動かす「三次元解析による価値の最大化」の要諦なのである。

さらに時間軸tを設定して、常に地球を俯瞰して、時代の風を捉え、時代の考察と準備を行うことも大事である。

「最適化社会」の設計図を描くのは誰か

この章の最後に、Japan 2.0のタイトルにもある「最適化」の概念を整理しておくことにしよう。

例えば企業は、資本規制、労働法制、税制、労働力を含む産業インフラなどを比較検討し、最適立地を実行する。そこにはすでに国境はなく、「企業が国を選ぶ」時代である。国からすれば「選ばれる時代」なのだが、さらに一歩進んで、「選ばれるためにより良い条件を整備する」ことになれば、多くの企業を誘致できるはずだ。他の国や、あるいは自治体も同じ発想になったら、そこに競争が生まれる。企業の選択肢は増え、結果的に自社にとって好ましい立地で、より多くの利益を生み出すことができるだろう。顧客と国や自治体とのウィン・ウィンの関係は、こうして最適化に近づいていく。

これは、個人と国や自治体との関係でも、同様である。イノベーションとはほど遠いイメージの行政ではあるが、国民、住民に「選ばれている」という意識が醸成されたなら、現在抱えている課題について積極的に取り組むようになるだろう。

このように、営利・非営利を問わず、財・サービスを提供する組織体（一定の共通目標を達成するために、構成員間の役割や機能が分化・統合されている集団）が、創意工夫、経営改善を競い合うことで、そこから供給される価値は大きくなっていく。他方、財・サービスの提供を受ける側である社会・コミュニティ（人間が集まって生活を営む集団）は、それを多様な視点からチェックし、選択する。「安さ」「便利さ」だけでなく、適切な事業活動の結果生み出されたものなのか、それが中長期にわたり社会に悪影響を及ぼすものではないのかを考慮した上で決定し行動するのは、好ましい社会的機能とも言えるだろう。

かくして、社会に提供される価値は最大化され、社会が享受する便益は最適化される。簡単に言えば、それが最適化のメカニズムである。

提供される価値を評価するのは、提供者のステークホルダーだ。企業の評価者は、市場、株主、従業員、取引先、その企業が属する地域社会などになる。国や自治体の評価者は国民、住民、納税する個人事業主、法人である。そして政治を評価するのは、有権者にほかならない。

そう考えていくと、最適化社会のパフォーマンスを上げるも下げるも、結局一人ひとりの見識次第であることが分かるはずだ。ここでは、あらためてそのことを強調しておきたい。

次章からは、X・Y・Z軸それぞれについて、さらにさまざまな角度から分析を加えつつ、「二〇四五年までに何をなすべきか」を提示していきたい。

第三章

豊かな経済を実現するために＝X軸

GDPの「内なる問題」

変革期を迎えた世界の中で、いかにして国の経済成長を維持し、本当の豊かさを実現していくのか？　それが本章のテーマである。

まず、「豊かさを測るモノ差し」の話から始めたい。

経済統計は、経済社会の過去を知り、現在を知り、未来を考えるために、必要不可欠の情報だ。政府の経済政策運営でも、企業の経営戦略の展開においても、それを活用して重要な判断が行われている。それだけに、指標は経済の実態をリアルに反映したものでなければならない。しかしながら、さきほど述べたように、現在使用されている主たる経済指標であるＧＤＰが、必ずしも豊かさの実情を映し出す尺度になっていない、という問題が生じている。

経済は〝生き物〟だ。統計が対象とする経済活動がグローバル化、デジタル化（ＡＩ化）、ソーシャル化の進展などに伴って、大きく変容しつつある中、そのダイナミックな動きを正確に捉えるためには、どのような指標を採用すべきかについても、不断に見直していかなくてはならない。だが、残念ながら現状ではそれは十分とは言い難い。

そもそも、現在の日本のＧＤＰ統計それ自体にも、見過ごすことのできないいくつかの瑕疵《かし》がある、と我々は認識している。すなわち、①GDP速報値と改定値の乖離、②設備投資の把握をめぐる企業実感との乖離、③家計調査と消費実態の乖離、④GDP三面等価（支出・生産・分配）の不成立、そして⑤デジタル製品・サービスに関連する活動の捕捉と評価の問題——といった点だ。

例えば、②の「設備投資の把握をめぐる企業実感との乖離」とは、政府の統計上は約八〇兆円を超えるとされているGDP上の設備投資が、企業が投資として認識している支出を反映しきれていないのでは、という問題だ。GDP上の設備投資に計上するのが適切であると考えられながら、そうなっていないものが多いのである。

⑤の「デジタル製品・サービスに関連する活動の捕捉と評価の問題」は、まさに「デジタル化のうねり」によってもたらされた。こうした製品・サービスは、人々の暮らしを大きく変え、満足度や利便性を著しく高めた。つまり消費者に高い価値を提供しているのだが、限界生産コスト（モノの生産やサービスを一単位追加した時に発生する費用）がゼロに近いものもあり、無料で提供されることも多い。そのため、取引価格によって集計される金額ベースの生産、消費額は、活発な取引の割には小さくなる。結果的に、実際の生産・消費活動の過小評価＝「価値と価格の乖離」が生じてしまうのである。

インターネットを活用して生まれるデジタル財・サービスは、企業だけでなく家計部門にも広がりつつある。しかし、現状では、家計部門の生産・消費実態を正確に捕捉できる体制は、築かれてはいない。今後、ネットとの親和性の強いカーシェアリングといった新しいタイプのビジネスが市場を拡大するものとみられているが、これらは生産・消費統計から抜け落ちるかもしれない、といった懸念もある。

ＧＤＰが「代表的な経済指標」であることを否定するものではない。だが、それを信頼して活用するためには、指摘した問題点を解消する努力をしなければならない。

そうした努力をする主体が政府であることは間違いないが、企業も積極的にそれに「協力」すべきである。例えば、②の問題の打開に向けて、人的資本投資や広告投資、ブランド価値向上のための投資といったデータを進んで整備し、公表するのである。こうした情報発信は、企業のＩＲ活動そのものであり、企業価値向上に資することにもなるはずだ。

デジタル化によってもたらされる財やサービスという、以前の社会にはなかった価値をどうやって正確に捕捉し評価するかには、我々はとりわけ知恵を尽くす必要がある。消費者物価指数のような物価統計では、表面価格差から品質の差を取り除く「品質調整」が行われている。例えばこの作業をデジタル財・サービスに適用すれば、指摘した「価値と価格の乖離」を一部でも埋めて、実情に近づけられる可能性がある。そうしたテクニカルな対応についても、検討を急ぐべきだ。

新たな経済指標群「GNIプラス」を提唱する

では、あるべき経済指標に対する経済同友会の考えを述べたい。我々が提唱するのは、経済指標群「GNIプラス」である。

GNI（Gross National Income＝国民総所得）は、GDPに海外からの所得を加えた経済統計だ。GDP以前に採用されていたGNP（国民総生産）に近い指標で、企業活動のグローバル化が加速する中では、そうした所得も合わせて見たほうが、経済実態の把握にとって適切だという指摘がある。さらに、人口減少が続く中で、「一人当たり」の動向を把握することも重要である。ただし、このGNIも、単独で経済を測るのには荷が重い。

ここで、「GNIプラス」が経済指標「群」であることに注目していただきたい。我々が構想したのは、豊かさを「複眼的」に分析すること、それを可能にする経済統計を作ることなのである。

具体的には、経済分野の実態については、GNPおよび一人当たりGNPと、GDPおよび一人当たりGDPの値をベースに提示していく。重要なのは、GNP、GDPといった単独のモノ差しを持つ必要があるという思い込みを捨て、複雑化した経済を複数の指標を駆使してよ

【図表３－１ 経済実態を複眼的に捉える「GNIプラス」】

	分類（例示）	指標（例示）
経済分野		• GNIおよび一人当たりGNI • GDPおよび一人当たりGDP
非経済分野	社会の持続性	• 温室効果ガス排出量 • 大気汚染物質排出量 • 水質汚濁物質排出量
	社会の安定性	• 自然災害の被害者数、戸数 • 犯罪発生率（含むテロ） • 交通事故の発生件数、死傷者数
	健康・衛生・生涯設計	• 平均余命、健康寿命 • 人口千人当たりの医師数・看護師数 • 介護施設充足率（待機人数の割合） • 年間総実労働時間と余暇時間 • 一人当たり住宅床面積
	育児・教育	• 保育所充足率（待機児童数の割合） • 育児休暇取得率 • 教育時間数（初等、中等、高等、生涯） • 労働者一人当たり教育研修時間数（企業）

➡ **経済統計の最適化へ**

「経済同友会　経済統計のあり方に関する研究会」2016年９月28日発表

り正しくつかんでいく、という発想に転換することである。

ただし、「真の豊かさ」を測ろうとするならば、眼をさらに大きく見開く必要がある。第二章で指摘したような、今の人々が感じる豊かさを反映させるためには、従来の経済指標を組み合わせただけでは不十分なのである。

そこで「ＧＮＩプラス」では、それらに加えて、社会の持続性、社会の安定性、健康・衛生・生涯設計、育児・教育に関する「非経済分野」の指標も採用し、経済統計の最適化を図る。全体のイメージは、図に示した通りである。

このような取り組みは、ＯＥＣＤに

よる「ＢＬＩ」(Better Life Index＝より良い暮らし指標)や、国連環境計画・国連大学による「ＩＷＩ」(Inclusive Wealth Index＝包括的な豊かさの指標)などで、すでに試みられている。こうしたものも参考にしながら、産学官が連携して「豊かさの指標」作りに着手すべきである。

付言すれば、「ＧＮＩプラス」構築の意味は、国や企業が拠るべき指標が整備されることに留まらない。指標作りに向けた議論は、単にテクニカルな検討だけではなく、「真の豊かさとは何か?」を探求し、再確認する作業になるだろう。それは、まさに国の将来像を構想するプロジェクトにほかならないのである。

新しい時代を記述する「経済学」が欲しい

そうしたプロジェクトに主役の一人として参加し、議論をまとめリードする役割を果たすべきなのが、「経済学(者)」である。だが、率直に言って、その負託に耐えるだけの貢献を、今の経済学は果たせていないのではないだろうか。

グローバル経済では、例えばＲＯＥと株式時価総額が全く相関しない、という現象が起こっている。あるいは、シェアリングエコノミーによって、消費者の満足＝「効用」は高まるものの、それはＧＤＰの上昇を抑える要因として働く、という矛盾が現実のものとなっている。いずれも、これまでの経済学では、合理的な説明ができないものだ。

そうである以上、「新しい学問」が必要なはずなのに、それを模索する気配は一向に見えない。今までにないダイナミックな経済の流れを切り取り、記述しようというプロフェッショナルの姿はなく、一様に「GDPが」「物価が」と繰り返すばかりなのは、問題ではないか。

さすがに政府もその問題に気づいたのか、二〇二〇年からは、シェアリングエコノミーのファクターをGDPに加える計画だ。ただし、これも、研究開発費のように、単に数字を「嵩上げ」するものであるならば、何の意味もない。求められるのは、目先の「数字合わせ」ではなく、経済の実情をリアルに把握し、将来を構想するのに役立つ指標であり、その基礎となる生きた経済学なのである。

新しい経済学が産声を上げられない理由は、経済学者も「データ」「バーチャル」に弱いからだと推察できる。ならば、データサイエンティストにして経済学者といった、新しいジャンルの人材に育ってもらうしかないだろう。そうしたところにも、発想の転換が必要である。

二〇一八年のノーベル経済学賞は米エール大教授のウィリアム・ノードハウス氏と米ニューヨーク大教授のポール・ローマー氏に授与されたが、それは気候変動や技術革新が経済成長に与える影響についての研究が評価されてのものだった。日本の経済学にもぜひ奮起してもらいたい。

欧米企業に比して、依然収益性の低い日本企業

Ｘ軸の主役である企業経営に話を進めよう。企業は稼いでこそ、その存在意義を主張することができる。それなくして、ステークホルダーの幸せも社会貢献もない。

「稼ぐ力」を測る代表的な指標に、ＲＯＥ（株主資本利益率）がある。どれだけ効率的に利益を生み出したのかを示すこの値が、日本企業の二〇一八年三月期決算で、一〇・二五パーセントとなった。一〇パーセント超えは、統計を遡ることができる一九八二年度以降で初めてのことだ。

かつてのような単純なコストダウンではなく、自社にとって意味が薄れた事業を捨て、強い部分をより強化するという「選択と集中」に、ここ数年、ようやく経営の目が向いた成果であることは間違いない。そうした資本効率の改善に向けた努力は、素直に評価すべきだろう。同時に、アベノミクスによる為替の円安も、海外での儲けが高く評価される効果を生んだ。

ただし、欧米企業、特に米国企業に比べると、まだその収益性は低い水準にあることも、率直にみておく必要がある。徐々に追いついてきたとはいえ、ＲＯＳ（売上高営業利益率）が一〇パーセント未満のセグメントの比率が、日本の九割に対し、米国三割、欧州七割という調査も

【図表3-2 ROEの国際比較（分布）】

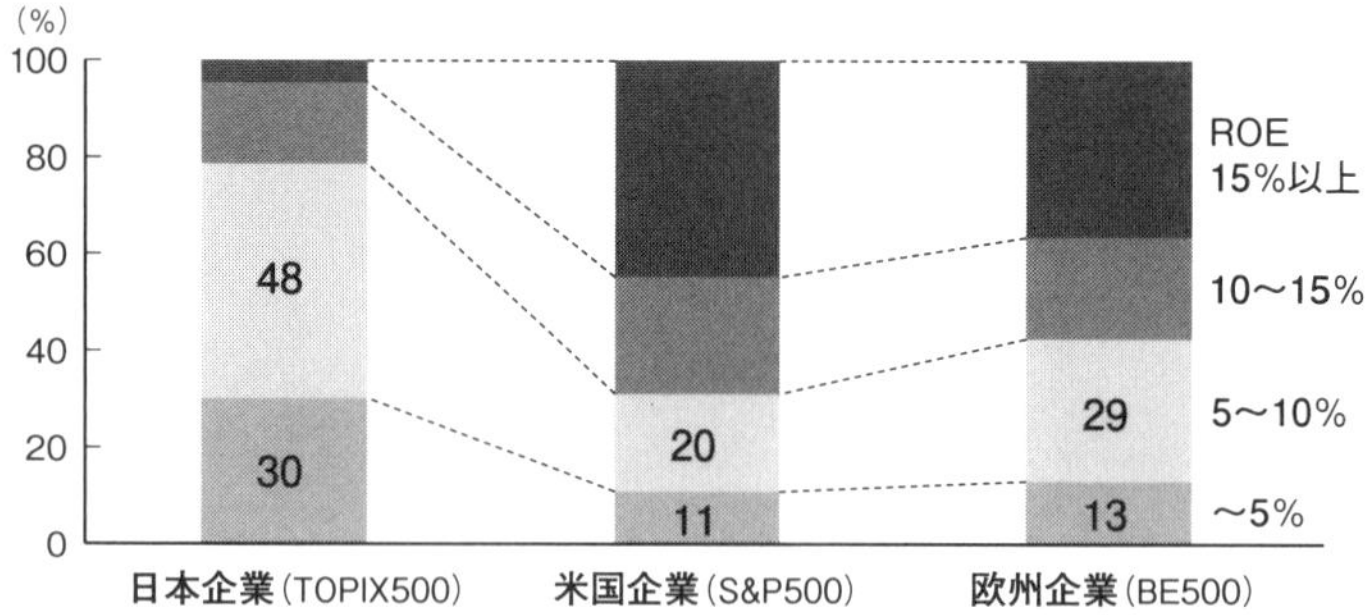

出典：Bloomberg
経済産業省「伊藤レポート2.0」（2017年10月26日）より

ある。

さらに国際競争力という観点からすれば、日本企業のそれは、むしろ相対的に低下しているという冷厳な事実から、目を逸らすわけにはいかない。

米経済誌『フォーチュン』が毎年発表する世界の企業番付「Global 500」の二〇一七年版にランクインした企業数は、米国一三二社に対して、日本は五一社に留まっている。一方、中国は一〇五社で、米国に迫る勢いだ。

このデータが初めて発表された一九九五年版では、日本からは一四九社がランクインして、米国の一五一社と肩を並べていたことを考えれば、「失われた二〇年」のインパクトが実感できる。ちなみに、この年の中国企業のランクインは、わずか三社だった。

二〇二〇年までに先進国中三位以内を政府目標にしている世界銀行の「ビジネス環境ランキング」でも、一八年十一月に発表された日本の順位はＯＥＣＤでは二五位

【図表3-3 日本企業の低収益性の要因】

- 売上高営業利益率（ROS）が10%未満のセグメントの割合
  ＝日本企業：9割、米国企業：3割、欧州企業：7割
- 日本企業は、低収益セグメントを抱え込む傾向があり、そのことが全体の収益性が低い一因になっているという指摘あり

●事業セグメント別の売上高営業利益率の分布

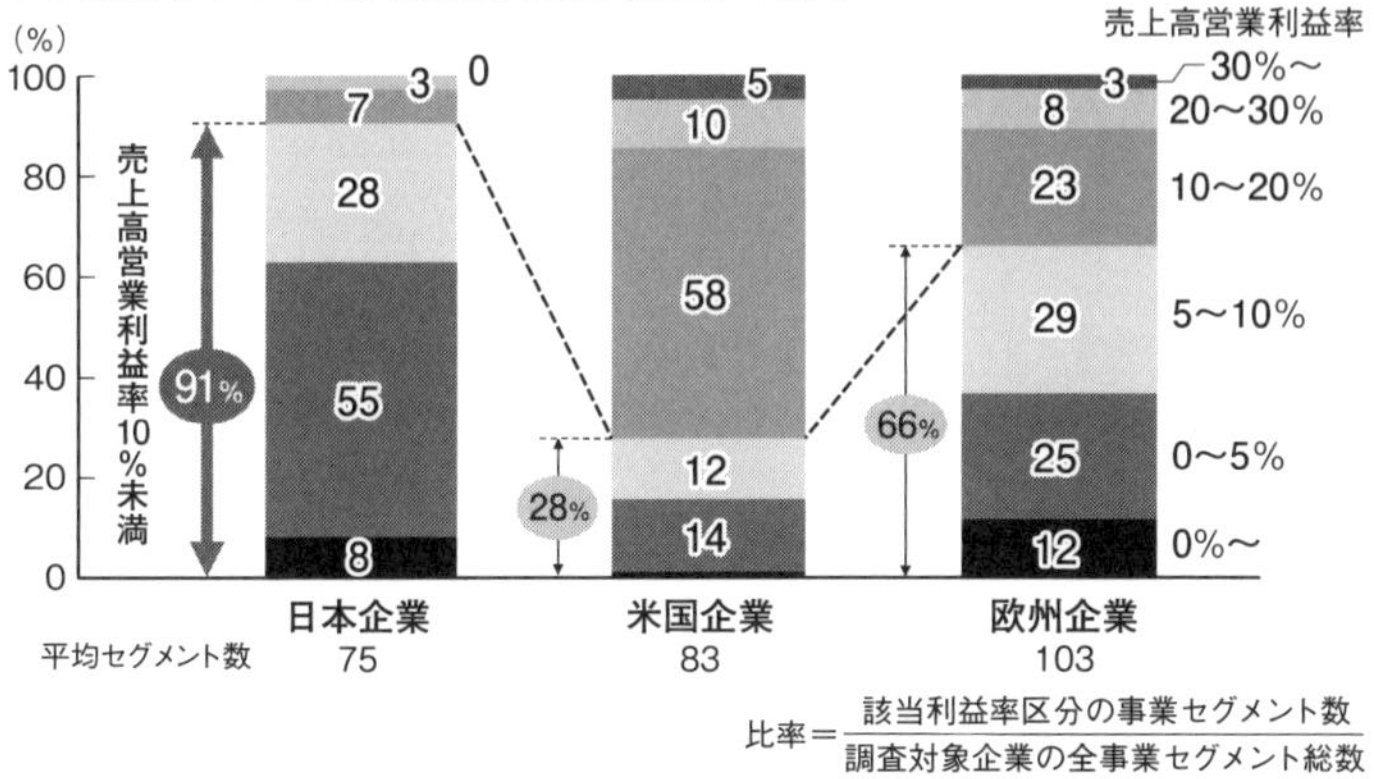

出典：Bloombergデータベースを元に、デロイトトーマツコンサルティングが作成した資料を加工。事業セグメント別売上高・営業利益の両方を、06-13年度の8期連続で取得可能な世界連結売上TOP500の中から、各国別多角化度（ハーフィンダール指数）上位50%、海外売上高比率20%以上の企業を対象に分析
経済産業省「生産性向上に向けた新陳代謝の促進について」(2017年11月16日)〔未来投資会議構造改革徹底推進会合「企業関連制度・産業構造改革・イノベーション」会合（第2回）配布資料〕より

で、上位をうかがうどころか、前年（二四位）よりも後退を余儀なくされた。起業のしやすさ、資金調達、税制といった、スピーディーでダイナミックなビジネスを進める上での日本の懸案事項が、ほとんど改善されていないことを如実に示す結果だと言えるのではないか。

勝負はモノからコトへ、そしてココロへ

「稼ぐ力」や国際競争力は、当然のごとく企業価値に反映される。図表に上場企業の株価の国際比較を示した。そこにあるのは、欧米諸国や新興国に比べて企業価値の伸びが「桁違い」に停滞する日本の姿である。

しかも、話は「日本企業の収益性を高める必要がある」だけで終わりそうにない。それに汲々としている間に、他国の企業は全く違う次元で価値を高め、追随不可能な世界を築き上げていく。そんな光景が、眼前に広がりつつあるのだ。

例えば、経常利益が二兆円を大きく超える（二〇一八年三月期）トヨタの株式時価総額は、二二兆円程度（二〇一八年末時点）である。ところが、利益がせいぜい数千億円の米アマゾンの時価総額は、一〇〇兆円規模に達する。中国のアリババやテンセントのそれも、いつの間にか五〇兆円近くまで「膨張」した。彼らは、ROEと時価総額すなわち企業価値がリニア（比例）にならないビジネスの構築に、見事成功したとも言える。

そうした企業は、例外なくデータを握るプラットフォーマーとしての地位を確立している。従来の常識は通用しない、とんでもない株価をバブル的な現象とみるのは早計だ。彼らがそれ

【図表3-4　株式指数・時価総額の長期的動向】

	倍率（倍）	
	株価指数 （2016年の値／1990年の値）	時価総額 （2015年の値／1990年の値）
日本	0.7	1.7
アメリカ	7	8.1
イギリス	3	*2.2
ドイツ	7	4.8
香港	7	38.2
インド	24	*5.4
中国	24	*16.0
インドネシア	12	*5.3
タイ	2	17.1

備考：• 株価指数については、1990年は12月末、2016年は3月末時点の数値
• 時価総額は、それぞれの国における上場企業の時価総額の合計。なお、イギリスについては、2015年の値の代わりに2008年の値を使用。インド、中国については、1990年の値の代わりに2003年の値を使用。インドネシアについては、1990年の値の代わりに1995年の値を使用
出所：東京海上アセットマネジメント大場取締役会長講演資料および世銀統計より作成
日本経済再生本部「未来投資会議」第4回（2017年1月27日）配布資料より

だけの評価を受けているのは、インターネットやＡＩ、ＩｏＴ、ロボティクスといったテクノロジーを駆使して、次々に新しいコンセプトをクリエイトし、世界中に提供しているからであろう。その潜在能力、可能性に限界が見えないからこそ、「買われる」のだ。

プラットフォーマー企業による「ＲＯＥと株式時価総額の連関性の破壊」は、すでに世界が、第二章で説明した「ｚ＝ａ＋ｂ·ｉ」という複素数経済のステージにあることを、図らずも証明した。かつて影も形もなかった「ｂｉ」が、「ａ」を乗り越えて「ｚ」を限りなく最大化に近づけていく過程で、それは起こったのである。

【図表３-５　時代の風―モノからコト、そしてココロへ―】

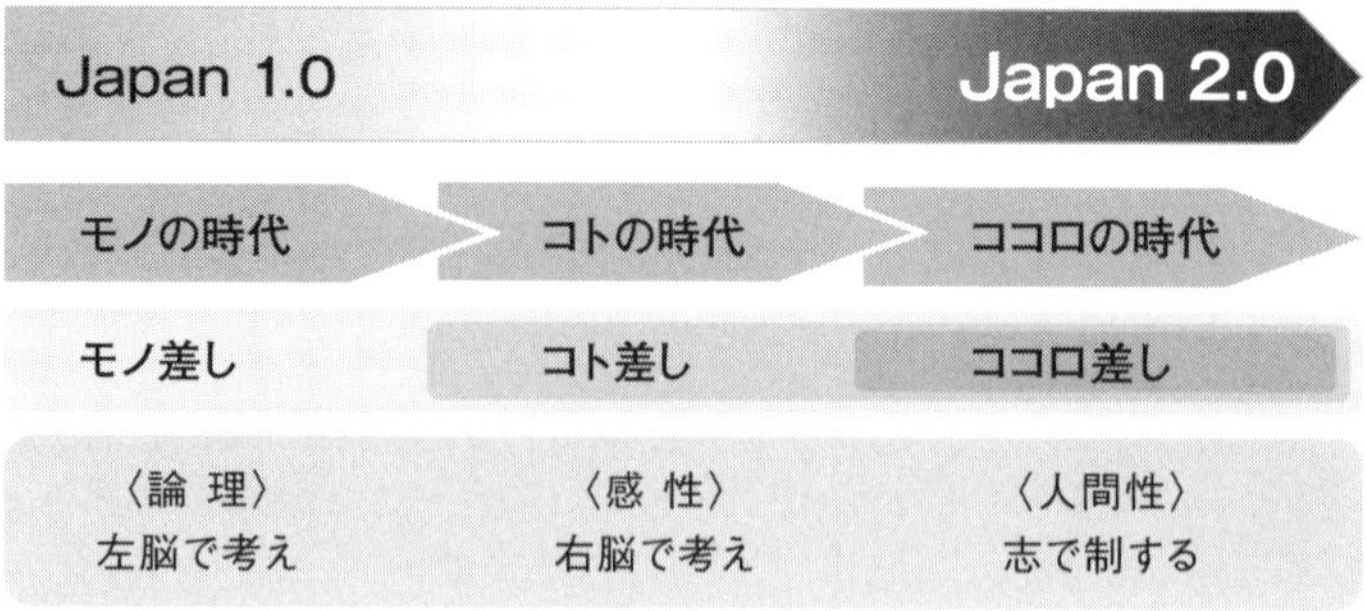

この変革の舞台は、アメリカと中国だった。関与した人間の国籍はともかく、ビジネスモデルはこの両国で生まれ、瞬く間に世界に根を張った。この分野には、日本もおそらく欧州も、もはや参入することが叶わない。誤解を恐れずに言えば、バブル崩壊後もリアルエコノミーの復活にこだわり過ぎたことが、仇となってしまったのだが、後悔しても詮無きことだ。「周回遅れ」の事実を共有するところから、我々は「あるべき復活」を目指す必要がある。データイズム的な世界でもはやプラットフォーマーになれないからといって、バーチャルを軽視してもいいわけではないのは、当然のことだ。日本は日本のやり方で、「ｂｉ」の最大化に取り組むしかない。

リアルエコノミーで問われるのは、言ってみれば、「左脳で考える」モノの値段や品質だ。これに対して、ＧＡＦＡや中国のプラットフォーマーたちは、「どうやって人々のやりたいことを実現するのか」という、「右脳で感じる」コトを提供することによって大化けした。

モノに対する欲求が満たされた今、人が求める価値は、そうしたコトへと比重を移しつつある。デジタル化技術の飛躍的な進歩が、それを可能にした。さらに言えば、Z軸に包含されるSDGsに示されるような社会との関わり、すなわちココロの部分を無視することはもはや許されない、という社会の変化を、特に企業経営者は認識しなくてはならない。

経済指標にたとえるならば、GDPを単一の基準に置いた「モノ差し」から、「GNIプラス」という複眼的な視野を持つ「コト差し」、そして「ココロ差し」へと、それを作り変えなければならない。国や企業が目指す豊かさは、そのスケールによって評価されることになる。「コト差し」から「ココロ差し」の評価を高めることのできた日本企業の価値は上昇し、国レベルのX軸の伸長に貢献していくことだろう。

「デジタル経済」に対応する企業経営

このように、デジタル化が進み、豊かさの概念も変わる中で、企業はどんな行動を取るべきなのか？　その基本的姿勢について触れておこう。

企業が持つビッグデータは、自社のビジネスにとってまさに「宝の山」だ。同時に、それを活用すれば、経済社会の実態を低コスト・高頻度で、迅速、詳細に把握できる可能性があるという点で、社会全体にとっても有用な「資源」である。どこまで外部に提供できるのかを大所高所から検討した上で、社会貢献を行う必要がある。

利益を増やすという観点からも、いたずらにデータを囲い込むというマイナス思考に陥っていては、成長は限られる。データの共有によって企業価値の向上、新たな商品やサービスの創出を実現する、といったマインドで戦略を練ることが重要になるだろう。

収益性を高めるためには、従来の大量生産優先志向と、今度こそ決別する必要がある。そのためにこそ、最新のデジタル技術を武器として活用すべきである。マスの市場ではなく、一人ひとりのニーズに即した財・サービスの供給を行えば、その満足度は高まるはずだ。提供するモノやサービスの多様性を確保することで、過度なコモディティ化を回避し、「価値」に見合った「価格」形成を実現できるのである。

デジタル経済化は、人々の働き方の多様化も促す。財・サービスの生産現場は、企業だけでなく家計部門にも拡大していく。企業は副業を禁じる規定の見直しなど人事制度の改革や、賃金政策の弾力化を通じて、働きやすい環境の整備に取り組む必要があるだろう。

人々が感じる豊かさを適切に理解せず、社会的な不満、不安を放置すれば、やがてそのツケは企業にも返ってくる。民間企業と言えども、例えば長生きリスクへの備え、子育てや高齢者介護の過度な負担の軽減、災害に強いまちづくりの推進といった社会的課題の解決に、より積極的に関与していかなければならない。民間の知恵により、そうした日本の宿命ともいえる難題に解を見出すのだ、という気概を持ちたい。

一つの方法としては、高度なデジタル技術を駆使して課題解決に向けた新しいビジネスを構築・展開するというかたちで貢献したり、さまざまな社会的活動を通じて現場の人たちを支援したりすることも有効だろう。それらは、社会問題の解決への貢献と企業価値の向上を同時に実現することにもつながるはずである。

デジタルトランスフォーメーションが変える「労働」

ここまで述べてきたような「稼ぐ力」の向上には、それを実行する「人」が決定的に重要なことは、論を俟たない。では、これからの時代に必要となる人材とその働き方とは、どういうものなのか？　X軸の伸長の鍵を握るテーマなので、少しくわしく掘り下げてみたい。

検討の前提となる二〇四五年に向けた社会構造の変化、デジタルトランスフォーメーションがもたらす働き方の変革を、我々は、次のように概観している。

共創の世界の広がり

第一に、新しい時代には、コ・クリエーション（共創）の世界が、かつてなく広がり、消費者が求める真の豊かさを創造する企業が生き残る。人々の価値観は、モノの消費から「社会的課題の解決」に大きくシフトし、そのミッションを実現すべく、世界中の人材が当たり前のように集散するようになる。まさに、モノからココロ、X軸とZ軸の相互作用、融合が、いやがうえにも進展していく。

雇用の流動化の進行

第二に、就労者のダイバーシティ、世界規模での雇用の流動化も加速度的に進む。通信技術の高度化により、働く場所の制限はどんどん撤廃される。翻訳・通訳技術の進歩により、言語の障壁は取り払われ、国籍・人種を問わない働き方が実現する。価値観の多様化が進み、秀でた才能を持つ人材は、フリーランスなど雇用を前提としない働き方を志向するようになる。イノベーションが企業価値の源泉となるため、それを生み出すことのできる高い専門スキルを持った人材の獲得競争が激しさを増すだろう。

モノからコトへの価値の転換

第三に、モノからコトへの価値の転換だ。もはや消費者は、モノの所有や機能に対価を払うだけでは飽き足らず、そこから得られる体験、時間といったコトを求めるようになった。例えば、SNSの普及は、リアルタイムで自分の体験を他者と共有し、共感を得るという価値を創造した。広がりつつあるシェアリングエコノミーは、モノを手段と捉え、コトを享受しようという行動にほかならない。

これからの時代は、価値の生み出し方も変わる。デジタル社会に求められる「社会的課題の解決」には、個人や個々の企業独自の取り組みを超えた「共創」が不可欠となる。複数の企業が商品開発や事業活動などでパートナーシップを組み、お互いの得意分野を生かしながら、関連する業者や消費者、社会までをも巻き込んで共存共栄を実現していく「エコシステム」が発達し、さまざまなイノベーションの「生産母体」となる。マーケットも、このエコシステムに価値を認識するようになっていくだろう。

もちろん、克服すべき課題は多く、ハードルは低くない。例えば、時代の変化に適応すべく脱皮しようとする時、現在の雇用慣行が、大きな障害となる。それは、「新卒一括採用、年功序列──大卒・日本人・男性中心の採用、昇進」「組織ベースの仕事──メンバー構成の硬直化」「曖昧なジョブ──総合職という職務」「合議重視」「効率を重視したインプットの発想」

という、日本の多くの企業においては、ありふれた「光景」だ。そのどれもが、今説明した変革と正面からぶつかることが分かるはずだ。

変革とは、それを「世界標準のエコシステム」に作り替えることを意味している。すなわち、「ミッションベースで結集——多種多様な人材」「プロジェクトベースの仕事——メンバー構成の最適化」「明確なジョブ——ジョブ・ディスクリプション」「スピード重視」「成果重視＝アウトプットの発想」をベースにした雇用環境の実現である。

これだけ明確かつ多岐にわたる組織、仕組みの転換を、「スピード感」をもって成し遂げる必要がある。それが、日本企業の置かれている現状なのである。

ただし、デジタルトランスフォーメーション時代に相応しい人材を育て上げ、その力をいかんなく発揮できる環境をつくり上げるには、企業努力だけでは限界がある。危機感を日本全体で共有した上で、「企業の取り組み」に加えて、「政府による法制面での政策実現」「教育界が主導する教育体系の整備」が三位一体で推進される必要があるだろう。

国は「働き方改革」を進めているが、議論を「労働時間問題」に矮小化するのではなく、真に時代に適応したあり方を検討し、実行すべきである。「働き方改革」に対する我々の考えは、第五章で述べる。

人材を育て、生かすために

以上のような視点を踏まえ、Japan 2.0に相応しい「人材戦略」の実行に向け、企業の目指すべき方向性について論じてみたい。

X軸の最大化に向けて最も重要なことが、企業の「稼ぐ力」の強化であることは、すでに述べた通りだ。収益性を高めるためには、日本企業の積年の課題である生産性の向上は避けて通れない。生産性向上には、デジタル技術を使った業務効率化などの「分母対策」も大事だが、生産性を革新するためには、バリューを生み出し、付加価値を飛躍的に高める「分子対策」が、特にこれからは雌雄を決すると言っていい。

バリューの源泉は、人が介在するイノベーションにほかならない。とはいえ、優秀な人材を集めたとしても、それだけでは、通常イノベーションは起こらない。海外の先進的な企業をみても、それは多彩な人材によるグッドクラッシュ（良いぶつかり合い）によって、生み出されていくものなのだ。

ぶつかり合うためには、それが可能になる接点が設けられ、機会が与えられなくてはならない。キーワードは、そうした環境が整備された下での、人材のスムーズなサーキュレーション

（循環）である。

サーキュレーションを阻む悪弊の一つが、「新卒一括採用、年功序列」に象徴される日本型雇用慣行の存在である。その打破に向けて企業のキャリア採用の拡大が必要である。各企業は、それを対外的に宣言し、実行すべきである。

また、「優秀な人材」にも、いろいろなタイプの人間がいる。効率的により大きな価値を創造する上では、適材適所、人材配置の最適化を念頭に置く必要がある。すなわち、①ゼロから新しいアイデアを発想する人（0→1人材）、②そのアイデアを実装し、活用できるモノ・サービスに形づくる人（1→10人材）、③さらにそれを洗練し、世の中に広めていく人（10→100人材）を見出し、得意な分野に集中してもらうのである。どの人材もイノベーションには欠かせない。しかし、そこでミスマッチがあれば、例えば1→10人材にいくら斬新なアイデアを求めても、成果は上がらないのである。

自社で、そのすべてを用意する必要はない。シーズ（企業の持っている技術や材料）はあるが、なかなかイノベーションにつながらない、という悩みを抱えたならば、「1→10」や「10→100」が得意な人材や企業の力を借り、「共創」していけばいいだろう。

当然のことながら、「これからの時代に必要となる人材」には、「リーダー」も含まれる。時代の潮流を理解し、社内で共有すべく必要な危機感を説得力を持って語り、それを突破するアジェンダを示す。成果を上げるためには、従来はなかった「共創」のビジネスにも、果敢にチャレンジができる。そうした真のリーダーの育成こそ、急務なのである。

企業内部では、年功序列を完全に排し、会社の将来を担うべき若い人材を選抜、抜擢すべきである。彼らには、意図的に海外に出向させて、将来の難事に動じない精神を涵養する「修羅場経験」を積ませるなど、戦略的な教育を施す必要があるだろう。

あえて指摘しておけば、経営者や管理職が年功序列下の「既得権益」にしがみついていれば、その企業、ひいては日本という国は、ますますガラパゴス化するしかない。いつまでもポストに居座ることができないような仕組みを構築する必要がある。

社長、会長職を辞した後も、会社に残り、隠然たる影響力を行使するという「経営スタイル」も、望ましいとは思えない。自らのキャリアを生かすのならば、業種も企業風土も異なる企業の独立社外取締役などに、新たな活躍の場を求めるべきであろう。後述する日本企業のガバナンス強化に貢献するという、高い志を持ってその経験と能力を発揮すべきであろう。

実効性の高いコーポレートガバナンスの実現を

企業がいい人材を集め、技術力を磨き、世界に伍してX軸を拡張していくためには、「正しい企業経営」が行われければならないこともまた、自明の理である。つまり企業価値の持続的な向上のためには、実効性の高いコーポレートガバナンス（企業統治）の確立が必須なのである。

経済同友会が早くから提唱してきたコーポレートガバナンスについては、一五年に「コーポレート・ガバナンス・コード」が設定され、制度の上では、上場企業における行動規範が確立された。ただ、現状をみれば、株主総会、取締役会、経営執行の役割分担や、社外取締役に求める資質や役割という点において、十分な論議がされているとは言えず、「成熟した企業統治」による企業価値向上の実現に向けた取り組みは、緒に就いたばかりだ。この点でも欧米企業に水をあけられているのが、わが国の実情である。

実効性の高いコーポレートガバナンスの実現のために、鍵を握る施策の一つが、社外取締役の登用、機能強化である。「コード」の導入以降、社外取締役の選任は進み、東証一部上場企業の九割が二名以上の独立社外取締役を置くまでになった。しかし、我々の実施した調査によれば、その就任を依頼する企業と引き受ける側の認識のズレ、といった問題の存在が明らかになっている（経済同友会2017年度経営改革委員会提言「社外取締役の機能強化「3つの心構え・5つの行動」」より）。

形を整えただけで安心するわけにはいかない。個々の企業の課題を整理し、仕組みが機能を果たせるように、早急に対策を打つべきである。

企業は、稼いでこそ存在価値を主張できる。だが、その大前提にコンプライアンスの順守、安全の確保がなくてはならないのは、当然のことだ。社会に富や価値を提供するはずの企業が、嘘をついていたのでは話にならない。それまでに築いたブランドが一瞬のうちに崩壊し、経営の基盤を揺るがすことにもなる。まさに企業の持続可能性に直結するテーマなのである。

にもかかわらず、特に二〇一七年以降、データ改竄《かいざん》や偽造をはじめとする企業不祥事が頻発した。昔に比べ、企業を見る目、判断基準が厳しくなっているのは確かだが、それに応えるのも企業の責任である。あえて言えば、不祥事は一企業の「失態」に留まらない。それは、高い信頼感に裏打ちされていた「日本ブランド」全体を傷つけるものでもあるのだ。ブランド回復のためにも、コンプライアンスの徹底、安全管理体制の強化は急務だ。

コンプライアンスを説くのはトップの責務

経営者団体である経済同友会として、自戒の意も込めて強調したいのは、「トップの責任」である。そもそも、経営者が「企業はコンプライアンスと安全で成り立っている」ということを心から理解しているのかは常に検証されなければならない。「儲け」に関わる事柄は会議の議題にしてもコンプライアンスは現場任せという状況にあるのなら、それは大きな誤りである。

大企業の場合、トップと言えども会社のすべての現場の実態を把握できているわけではない。例えば技術畑育ちの社長は、営業には疎いだろう。それだけに、各部署との意思疎通は欠かせない。トップが事あるごとに、現場に向かってコンプライアンスの順守を説き、何か問題が起こったら速やかに報告するよう、メッセージを示す。企業の「大前提」が崩れたらどうなるか、という危機感を社内に共有させるのは、マネジメントの基本なのである。

歴史も実績もある企業に続けて問題が起きたのは、歴代トップがそれを怠り、「今までこれでやってきたのだから」と、古い企業文化をズルズル受け継いできた結果であろう。それを他山の石として、「不正をするな」「嘘をつくな」と繰り返し伝え、内部統制のメカニズムがきちんと機能する組織を構築する。そこから、時代に即した企業文化も生まれるはずだ。下から上に情報を遅滞なく吸い上げる仕掛けも重要である。

グローバル化の進展により、企業のリスクマネジメントの守備範囲が一気に広がった。今後もその傾向は続き、「新種」のリスクに見舞われる可能性も高まるはずだ。現状、特に注意を払う必要があるのは、例えば海外企業のＭ＆Ａの失敗による巨額損失計上、海外子会社の不正な会計処理、国際カルテルなどの競争法違反、企業インフラをターゲットとするサイバー攻撃――といったリスクである。

とはいえ、それを過度に恐れ、ビジネスを委縮させるマインドでは、グローバル化の波には乗れまい。Japan 2.0時代のトップは、そうしたリスクにどう対峙してマネジメントしていくか、コンプライアンスを実現していくのかに、今まで以上に知恵を絞らなければならない。

特に海外企業のM&Aを企図する場合には、経営者が自らオーナーシップを持ち、その目的を明確にすべきである。その上で、グループ全体の価値観、中長期戦略を買収企業と共有し、企業価値を高める必要があるだろう。

海外でのビジネス展開において、各国の慣習や文化、法制度・規制などをきちんと認識し、順守しなければならないことは、言うまでもない。とりわけ、欧米におけるコンプライアンスに対する見方の厳しさ、新興国での法運用の不透明さ、日本との商習慣の違いに留意する必要がある。

欧米企業のトップには、法律や会計の資格を持っていたり、博士号を取得していたりという人物がいる。日本企業が国際競争力を高め、社会と調和しつつ持続的成長を遂げていくためには、企業のトップ自身が、法務、財務、あるいは技術に関する知見の涵養に努めることも大切だ。その上で、必要に応じてプロフェッショナルのサポートを受けながら、経営者として、企業としてのリスクマネジメント能力を高めていかなくてはならない。

自由貿易を守るために国がすべきこと

第一章で論じたように、世界で自国優先主義の動きが顕在化し、保護貿易のトレンドが強まった。グローバル化の波に乗るべくさまざまな改革を進める企業にとって、貿易の自由化が阻害されたり、まして規制や関税で壁を築かれたりしてしまうことは、大きな痛手である。人口減少が進行する日本がX軸を伸ばしていくためには、海外で稼ぐことが不可欠だという現実もある。ここは、国の出番である。

その点で、米国の離脱で頓挫しかけたTPP（参加一一ヵ国）を主導的立場でまとめ上げ、二〇一八年末の発効に漕ぎつけたことは、高く評価したい。保護主義に対するアンチテーゼである経済連携を日本のリーダーシップで形にした意義は、決して小さくない。

一九年二月には、懸案のEUとのEPA（経済連携協定）も発効し、世界のGDPの約三割を占める自由貿易圏が誕生する。さらに、ASEAN一〇ヵ国に日本、中国、韓国、インド、豪州、ニュージーランドを加えたFTA（自由貿易協定）であるRCEP（東アジア地域包括的経済連携）の締結に向けた交渉が進んでいるのも喜ばしいことである。

もともと世界は、経済連携拡大の方向に歩んでいた。その空気を大きく変えたのは、米トランプ大統領である。今後も、中国の動向を睨《にら》みながら、保護主義的な政策を打ち出してくる可能性は念頭に置かなければならないだろう。「中国脅威論」の根は深いだけに、米中貿易戦争は長期化も予想される。そんな中、日本政府は従来通り自由貿易拡大の基本方針を維持しつつ、地道な努力を続けるしかない。アジアやEUを巻き込みながら、アメリカを粘り強く説得し、TPP復帰を促すような、戦略的な外交を展開すべきであろう。

同時に、中国の出方にも十分な注意を払う必要がある。中国の強みであり怖さは、方針を定めたら、「煩わしい」手続きを経ることなく、一気呵成に物事を進めることができる体制だ。そのスピード感で、液晶、太陽電池、光ディスク、リチウムイオンバッテリー等の市場をどんどん奪っていったのである。

貿易も、モノのやり取りだけではなくなっている。これから比重を増すのが「コトの貿易」、具体的にはデータの移動である。中国の本当の怖さは、国家の下に、すでに巨大なプラットフォーマーが存在するという事実だ。

データをどこまで規制し、どこから開放して価値創造につなげるのか？　日本は、国際的なルール作りに参加して、自らにハンデとならないように設計していく必要がある。

TPPやEUとのEPAを実らせた事実が、そこで効いてくる。経済連携で実績をつくった日本は、そうした交渉の場でも存在感を示せるはずだし、示さなければならない。

2045年に向けて目指すべき姿

「X軸：経済の豊かさの実現」

■世界課題の解決に資する新産業をリアルとバーチャルの融合により創出

(1)「リアル×バーチャル」による産業構造の変革

・技術革新に応じて産業の新陳代謝を促進し、日本が「世界のトップ3」に入る産業分野、技術分野を常に複数持つ。

・「モノ」の提供を中心としてきた産業が、「コト」「システム」中心に転換していく中で、先進技術を活かし、日本が強みを持つハードウェア、素材、部品などの分野で顧客に新しい価値を提供していく。

・リアルとバーチャルの融合、相互作用による新たな産業（第四次産業）を、以下のような視点・発想から創出していく。

(i)コンピューテーショナル・デザイン・シンキング（AIによるビッグデータ解析を用いたデザイン思考により、これまでにない新しいビジネスモデルや社会のあり方をデザインする方法）を用いた価値創造。
○顧客も気づいていない潜在的ニーズをデータで把握し、アルゴリズムを活用して、それぞれの顧客に最適な「コト」「システム」を提供する事業をスピーディーに設計し、改良していく。

(ii)世界課題の解決に貢献するため、サーキュラー・エコノミーを具現化する新たな市場を創り、持続可能な社会を実現する。

(2) 破壊的イノベーションを創出するエコシステムの構築

・企業のデジタルトランスフォーメーションを加速する。
・先進技術を用いた破壊的イノベーションを創出し、世界（社会）課題の解決に寄与する。そうした事業により収益力を強化し、企業価値の最大化を図る。
・破壊的イノベーションを生み出すために、研究開発や高度人材の確保・育成への投資など、経営資源の最適配分を行う。
・企業規模の違いを越えて、人材、資金、技術などイノベーションに必要な経営資源を外部からも取り込み、多様かつ最適な人材が集まるイノベーション・エコシステムを構築する。

第四章

イノベーションこそが未来を拓く＝Ｙ軸

「人間の仕事を奪う」だけではないＡＩの「破壊力」

今、世界は「第四次産業革命」の入り口にあると言われる。かつての三つの産業革命とは、十八世紀末以降の水力や蒸気機関による機械化、二十世紀初頭の電力を用いた大量生産、そして一九七〇年代初頭から現在に至る電子工学やＩＴを用いた一層のオートメーション化である。

これに対して、ＡＩ、ＩｏＴの技術を核に、新たな産業の高度化が実現するといわれるのが第四次産業革命である。その革命により、「①大量生産・画一的サービス提供から個々にカスタマイズされた生産・サービスの提供、②すでに存在している資源・資産の効率的な活用、③ＡＩやロボットによる、従来人間によって行われていた労働の補助・代替などが可能となる」（内閣府ホームページ「第４次産業革命のインパクト」）。また、「第四次産業革命」を唱えたクラウス・シュワブ氏は、非常に短期間に時代が変革する中で、必ずしもテクノロジーが変わるだけでなく、テクノロジーをベースにして、社会全体のシステム、構造、格差といったさまざまな問題も変容すると述べている。ｉＰＳ細胞、遺伝子工学（ＤＮＡ書き換え）等も、大きなインパクトを社会に与える。

確かに、過去の産業革命のたびに社会は生産力を向上させ、人間の暮らしは飛躍的に豊かになった。「第四次産業革命」、そしてその中核とも言えるデジタルトランスフォーメーションが、「人類の幸福」にとって、さらに大きな可能性を秘めていることは事実だろう。

しかし、これから起こる革命をただ期待感のみで迎えるのは、無邪気に過ぎるようだ。過去の産業革命においても、例えば機械に職を奪われることを恐れた労働者たちによるラッダイト（打ちこわし）運動が起こったように、さまざまなハレーションが生じている。時代の節目には、そうした混乱は避けられないのだが、デジタルトランスフォーメーションがもたらすのは、これまでとは比較にならない社会の混迷かもしれない。

Y軸について述べるにあたり、ユヴァル・ノア・ハラリ氏が近未来に到来の可能性を予測するデジタル専制主義の世界についてあらためて振り返ってみたい。デジタルトランスフォーメーションの下で進もうとする変革に、我々はいったいどのような姿勢で臨む必要があるのか？あらかじめ、革命による衝撃を「シミュレート」しておくことは、それを理解する上で有益だと考えるからだ。

すでに、「AIが人間の少なくない職業を奪う」という危惧が真剣に語られているが、ハラリ氏が指摘するのは、大量の「無用者階級（useless class）」の誕生である。前出の著書『ホモ・デウス』では、概要が次のように説明される。

機械化によって懸念された大量失業は、新しい職業の誕生や、機械よりも人間のほうがうまくこなせる仕事が常にあったことで、現実のものとはならなかった。身体的な能力の面だけで機械が人間と競争している限りは、人間のほうがうまくできる認知的な仕事が無数にあったのである。ところが、パターンを記憶したり分析したりする点においてもアルゴリズムが人間を凌ぐようになると、状況は一変する。人間は、コンピューターアルゴリズムに次々に置き換えられてしまう――。

その結果現出する社会を、彼はこう述べる。

「アルゴリズムが人間を求人市場から押しのけていけば、富と権力は全能のアルゴリズムを所有する、ほんのわずかなエリート層の手に集中して、空前の社会的・政治的不平等を生み出すかもしれない」

「二一世紀には、私たちは新しい巨大な非労働者階級の誕生を目の当たりにするかもしれない。経済的価値や政治的価値、さらには芸術的価値さえ持たない人々、社会の繁栄と力と華々しさに何の貢献もしない人々だ。この『無用者階級』は失業しているだけではない。雇用不能なのだ」

また、近著『21 Lessons for the 21st Century』でもハラリ氏は、データを所有するものが未来を所有するであろうと予測している。

むろん、こうしたハラリ氏の「予言」が的中するのかどうかは、現時点では分からない。だが、荒唐無稽と切って捨てるだけの確証も、我々は持ち合わせていない。どんな結果を招くにせよ、デジタルトランスフォーメーションという革命が想像を超える振幅をもって遂行されていくことを、肝に銘じる必要がありそうだ。

革命のうねりに呑み込まれてしまうのか、それともそれを利用して「新たな産業の高度化」という果実を手にできるのか？　人類の未来は、今を生きる我々に託されていると言っても過言ではない。

日本はなぜ「周回遅れ」になったのか

ここから、現代の話をしていくことにする。

実はハラリ氏の説く「データの所有者が未来を所有する」という「データ専制主義」は、すでに世界を覆い始めている。アメリカのＧＡＦＡ（Google, Apple, Facebook, Amazon）や中国のＢＡＴＪ（バイドゥ、アリババ、テンセント、JD.com）といったプラットフォーマーは、収集した個人に関するビッグデータをもとにさまざまなサービスを提供するというビジネスモデルを確立し、多くの収益と桁違いの時価総額を獲得しているのだ。隣に似たようなプラットフォームをつくってそのビジネスに追随するという、Japan 1.0 の時代には有効だったやり方が、そこでは通用しないこともすでに述べた通りである。

では、日本はなぜ、膨れ上がるデータビジネスの世界で、「周回遅れ」と言われても仕方がない状況になってしまったのか？　ここまでも日本的な組織のあり方や社会性の問題などについて論じてきたが、Y軸＝イノベーションの観点から指摘したいのは、我々は「コンピュテーショナル・デザイン・シンキング」というコンセプトに気づくのが遅れた、という重い事実である。

顧客の本質的なニーズを探り、イノベーションに結実させていく「デザイン思考」の重要性は、以前から語られてきた。コンピューター（ＡＩ）によるビッグデータの解析をベースにしたそのデザイン思考により、これまでにないビジネスモデルや財やサービスを生み出そうというのがコンピュテーショナル・デザイン・シンキングにほかならない。しかし、このコンセプトを取り入れてイノベーションに挑んだ企業は、残念ながら今までは日本には見当たらなかった。

日本がモノづくりに長けているのは、確かなことだ。だが、各企業にあったのは、「当社の得意なモノをさらに深掘りしよう」、あるいは「関連分野に裾野を広げていこう」というタテの発想で、個々のモノや技術を意識的に選択して取り込み、それを別の商品に組み上げるというヨコの発想が決定的に乏しかった。「コンセプト・クリエーター」とか「イノベーション・

【図表4－1 グローバルイノベーション・ランキング】

●イノベーションに関する国際ランキングで日本は13位

国、経済圏	2018年順位	2017年順位	順位の変動
スイス	1	1	0 →
オランダ	2	3	1 ↗
スウェーデン	3	2	-1 ↘
イギリス	4	5	1 ↗
シンガポール	5	7	2 ↗
アメリカ合衆国	6	4	-2 ↘
フィンランド	7	8	1 ↗
デンマーク	8	6	-2 ↘
ドイツ	9	9	0 →
アイルランド	10	10	0 →
イスラエル	11	17	6 ↗
韓　国	12	11	-1 ↘
日　本	13	14	1 ↗
香　港（中国）	14	16	2 ↗
ルクセンブルク	15	12	-3 ↘
フランス	16	15	-1 ↘
中　国	17	22	5 ↗
カナダ	18	18	0 →
ノルウェー	19	19	0 →
オーストラリア	20	23	3 ↗

シンガポールが5位

韓国が12位

香港が14位

中国が17位

出所：「Global Innovation Index2018」

エンジニアリング・スペシャリスト」と称されるような、事業全体をまとめ上げ、構築する力を持つリーダーがほとんど存在しなかったのである。これでは、デザイン思考の分野で人間が遥かに及ばないデータ解析能力を持ち、ディープラーニングによって日々その力を高めていくAIを導入したGoogleやAppleの後塵を拝すのも、当然のことだろう。

第三章ではX軸に関連して、「企業が儲けることの大切さ」を述べた。厳しい言い方をすれば、これまでの日本企業は、

「いいモノづくり」で満足し、「デザイン思考でイノベーションに挑み、さらに大きな利益を目指す」という、「商い」の本質的なところに頭を使ってこなかったことになる。

あえて付け加えておけば、〝組み合わせ、構築する〟イノベーション力の弱さには、日本の科学界にある「サイエンス偏重」の風潮も、少なからず影響しているのではないだろうか。理系の中でも、真理を探究する理学が「上」に見られ、コンピューター・アプリケーションの開発といっても、注目度は高くない。要するに、工学・エンジニアリングが低く見られる風土が、今も抜き難く存在するのである。

二〇～三〇年前の業績によってではあるが、日本人は毎年のようにノーベル賞を受賞している。にもかかわらず、そうした成果がなかなか事業に結びついていかないのも、そのあたりに理由があるのかもしれない。

マイナンバーカードの普及率が一二パーセントという数字が如実に示すように、国全体のデジタル・リテラシーがお世辞にも高いとは言えない、という現実もある。物事をきっぱり言い切ることを嫌い、アナログを好む日本人は、シンセシス（合成）には強くてもアナリシス（分析）が苦手だ。そうした部分も深いところで影響しているのかもしれないが、いずれにせよ、克服すべき課題をそのままにすれば、「データ専制主義」に呑み込まれるかもしれないという危機感は、持つ必要がある。

シリコンバレーが見た日本

経済同友会は、二〇一八年十月、シリコンバレーを含む米国サンフランシスコ・ベイエリアに、代表幹事ミッションを派遣し、プラットフォーマー（Google, Salesforce.com）や、テック系スタートアップ企業などを訪問した。実は「これからますます重要性を高めるのは、コンピュテーショナル・デザイン・シンキングだが、その思考方法に沿って経営が行われている日本企業は、皆無に等しい」という厳しい評価は、その際の意見交換で発せられたものだったのである。デジタルトランスフォーメーションの緒戦で勝利者となった側の分析だけに、説得力があった。

このミッションでは、シリコンバレーで展開されるイノベーションの最新動向、データの所有・利活用のあり方、イノベーションを持続的に生み出すエコシステムはどうあるべきか――などについて、貴重な知見を得ることができた。Japan 2.0 スタート直前の世界最先端の現場を描写しておくことには、意味があるはずだ。前後と重複する部分もあるが、ここで概略を述べておきたい。

印象に残った指摘の一つは、「これからの企業経営においては、データサイエンティストの果たす役割がますます大きくなる」というものだった。ＡＩやロボットの導入は進むものの、「クリエイティビリティ」の部分で人の関与が必要な分野はすぐになくなったりはしない、という基本認識に基づいた見解である。「人間のクリエイティビリティとデータを結びつけることが新たなイノベーションを生む」という考え方は、データの世界で後れをとった日本にとって、大いに参考とすべきものではないだろうか。

サイバーセキュリティについての指摘も耳が痛いものだった。ＡＩの普及に歩調を合わせるようにその世界も進化を続けており、世界のデータ管理は、大半がクラウド化している。にもかかわらず、多くの日本企業は、いまだに自前のサーバーを所有し、独自のシステムでデータ管理を行っているのが実情だ。そうした汎用性の低いシステムを利用しているために、「日本企業のセキュリティシステムは〝三世代前〟のグレードに留まっており、早急に刷新すべきだ」と、強く警告される場面があった。どれだけの日本企業のトップが、そのリスクを自覚しているだろうか？

一方、先進技術の進展に伴うルールづくり、データポリシーに関しては、ビッグデータを手にしているからこその試行錯誤が見てとれた。例えば、Googleが今「脅威」に感じているのは、ビジネスと社会との関係性、テクノロジーの進歩に対するバックラッシュ（揺り戻し）である。プラットフォーマーからのデータ流出をきっかけに、個人情報保護が声高に叫ばれるようになり、彼らに向けられる社会の視線は、世界的に厳しさを増した。社会の理解を得ながら、いかに本質的競争力を確保できるのかというテーマが日々比重を増しているようだ。

シリコンバレーに居を構える複数の人から、「ここは異国（foreign country）である」という言葉が漏れたのも、印象的であった。ちなみに、エレクトロニクス、半導体、ソフトウェア、通信、インターネットなどのイノベーションを次々に実現させたシリコンバレーを擁するカリフォルニア州単体のＧＤＰは、現在、米、中、日、独に次ぐ「世界五位」である。

この「異国」では、企業独自で研究開発が行われることは、ほとんどない。産学官の委託・共同研究に乗り出し、スタートアップ企業への出資やＭ＆Ａを実行し、とさまざまな種まきを行いながら、将来有望な先進技術をものにしようと努力を払っているのだ。もう一度Googleを例に取れば、彼らにとって他のプラットフォーマーやスタートアップ企業は、相互依存関係にある存在にほかならない。Ｍ＆Ａや協業、あるいは健全な競争を通じ、旺盛なイノベーションの創出を目指しているのである。

訪れた企業の職場環境は、画一的、集団主義的な日本のそれとは真逆で、実に開放的だった。オフィスのデザインにしても、遊び心に溢れた、独創的な閃きを生みやすい工夫がされているようだ。開放的と感じたのには、働いている人たちの「多様性」が影響していたのかもしれない。そこは、人種、性別、年齢を異にする人間たちが、思索に耽《ふけ》り、ディスカッションし合う姿が、そこかしこに展開する世界だった。

ただし、シリコンバレーの最先端企業は、そうした自由と多様性を尊重する一方で、対外的な信用を重んじるビジョンを掲げていた。さきほど述べた、プラットフォーマーに対する風当たりの強まりを反映したもので、極めて高いレベルの透明性、倫理性を従業員に求めているのである。人材採用に際しても、能力だけではなく、その倫理観も評価の対象とされている。

シリコンバレーに学ぶべきこと

シリコンバレーには、もちろん日本企業や日本人研究者も進出している。だが、その存在感は年々減退しつつあるという。

例えば、ノーベル賞を受賞した山中伸弥氏が在籍するグラッドストーン研究所では、日本人研究員の数が減少し、代わって中国人、韓国人研究者の比率が約三分の一を占めるまでになっているそうだ。

日本企業のシリコンバレー拠点に対するガバナンスにも問題が多い。本社から、拠点の活動にあれこれと制約をかけるのではなく、現場に一定の自由裁量を認めなければ、地の利は生かしにくいのだ。現地からは、「太陽と地球のような、相互依存関係が望ましい」という声も聞かれた。

ミッションを通じて炙り出されたのは、多くの日本企業が、常に自己革新を繰り返してイノベーションを実現してきたシリコンバレーのマインドセットとは、全く異なる次元での経営を行ってきた、という冷厳な事実である。「最先端」を目の当たりにし、「コンピュテーショナル・デザイン・シンキングの不在」を鋭く指摘された参加者は、強い焦燥感を覚えざるを得なかった。日本の企業経営者が「心の岩盤」を打ち破り、過去の延長線上にはないマインドセットへの切り替えを実行しなかったら、デジタルトランスフォーメーションの進行に伴って、日本は劣後していくしかないだろう。

付け加えておけば、世界を代表するプラットフォーマーを輩出するシリコンバレーではあるが、「そこに行きさえすれば成功する」というわけでは、もちろんない。現実には、スタートアップの成功率は、それほど高くはないのだ。ようやく事業が立ち上がっても、継続できずに破綻するようなケースもざらにある。現地では、「成功者が過剰に喧伝され、その陰にある死屍累々の姿はあまり伝えられていない」という意見も聞かれた。

ただしこれは、見方を変えれば、「幾多のチャレンジがあってこそ、一つの成功が導かれる」という事実を、まさに具現化しているのではないだろうか。後述する、日本人に足りない「失敗を恐れない」気風の醸成、「失敗を許す」社会環境の形成にも、我々は地道に取り組んでいかなくてはならない。

日本がとるべき戦略とは

「Y軸を伸ばす」とは、革新的な事業やビジネスモデルを間断なく生み出していくことを意味する。各種個別の先端技術は創出しているという事実はあるにせよ、日本の産業界は、率直に言って過去約三〇年にわたって、新事業としては見るべき成果を上げられず、停滞を余儀なくされた。Japan 2.0では、その教訓も生かして、最先端技術を最大限活用しつつ社会に価値を供給していかなくてはならない。次に、「価値創造のための基本的視点」について述べることにしよう。

まず大事なのは、日本が勝負すべき領域を見極めることだ。デジタル化の進行というが、現状では、コストや消費エネルギーなどの面から、まだまだサステイナブルであるとは言い難い。「周回遅れ」にある日本にとって、よりサステイナブルな先進技術の活用に向けたチャレンジが行われていくであろう二〇二〇年代半ばまでが、デジタルトランスフォーメーションがもたらす新たな競争社会に勝ち残っていく、最後のチャンスになるかもしれない。

日本がやるべきことは、この間に、「『世界のトップ3』に君臨できる産業分野、技術領域」

というターゲットを明確化し、それを育成していく戦略立案である。

産業という切り口からすれば、情報技術、医療技術、環境技術が、その有力候補に挙げられるのではないか。二〇二〇年半ば以降に到来すると考えられている先進技術の変革点、例えば量子コンピューター、ニューラルチップ、高性能蓄電池、5G（第五世代移動通信システム）といった技術の登場、本格的な実用化を見据えて、グローバル競争に打ち勝つための力を蓄えることも重要になるだろう。

また、現実を直視し、日本企業にとってコントローラブルな領域で競争力の強化に注力することが重要だ。例えば、自動車産業においては、日本企業は世界の中で優位性を保っている。その立場を生かして、自動運転技術の進化という近未来をリードする方策を探っていかなくてはならない。こうした競争力を持つ分野では、さらなるスケールメリットを追求すべく、企業の合従連衡を模索していく。

注意すべきは、現状で優位性があったとしても、対応が遅れたり間違ったりすれば、いつアンコントローラブルな立場に転落するか分からないということだ。同時に、どうあがいても追いつけない領域にしがみついていたら、たちまち国際競争から振り落とされるであろうことも、企業も国も再認識すべきである。デジタルトランスフォーメーションに関連するプロジェクトに対しては投資対効果のような従来の投資判断の「常識」を捨て、大胆に資金、予算を投入することが求められる。

我々は、日本は世界のトップシェアを持つロボットやセンサーなどから取得するデータを活用できるB to B領域において、プラットフォーマーを目指すことが可能だと考える。データの利活用による製造業のサービス化を進め、アーキテクチャー型のイノベーションを主導して、新たな市場を構築するのである。そのためには、まずデータの重要性を理解し、インダストリアル・データを収集する仕組みを構築することが必要になるだろう。

一方、現状で日本が世界の後塵を拝している領域については、キャッチアップする部分と、今後フロンティアを目指す部分とをはっきり切り分け、それぞれ別の対策を講じることが大事になる。

人材育成の面から言えば、まず企業は立ち遅れている社員全体のITリテラシーの向上に努める必要があるだろう。国はデジタル・ネイティブ世代など若年層にプログラミング教育を行うなど、需要が増えているIT人材の裾野拡大と底上げをしてもらいたい。一方で、サイエンスおよびエンジニアリングに優れ、かつコンピュータスキルを有する、グローバルに通用する高度専門人材の育成にも取り組まなければならない。

二〇二〇年の東京オリンピック・パラリンピックに続き、二五年には大阪万国博覧会が開かれる。テーマは、「いのち輝く未来社会のデザイン――多様で心身ともに健康な生き方、持続可能な社会・経済システム」である。そのコンセプトの通り、「未来社会の実験場」として新たなアイデアを創造・発信する体制を整え、未来志向のデザイン思考の成功例としたい。

デジタルトランスフォーメーションが進行する世の中で「オールジャパン」にこだわっていては、時代遅れの誹《そし》りを免れない。国も企業も、「地球規模の視点」でオープンイノベーションや産学連携に取り組むように、いち早くその発想を転換しなくてはならない。

今後の世界は、経済や技術競争において中国、アメリカ、インドが鎬《しのぎ》を削る「新三国志」の時代になるとも言われる。そうした時代認識を持って、これら三国やその企業との戦略的連携を推進することも、グローバル競争に勝ち抜く上では重要になるだろう。

「AI時代」に相応しい人材をどう集め、育てるか

「ユニコーン」という言葉をご存じだろうか？　企業としての評価額が一〇億ドル以上で非上場のベンチャー企業のことなのだが、米国に一〇〇社以上、中国にも五〇社以上存在するユニコーンが、日本にはわずか一、二社しかない。もちろん、個人の資質ややる気の問題もあるだろうが、これだけの差がついたのは、国や教育機関が、スタートアップに手を挙げるような人材を育てたり、集めたりする努力を全くしてこなかった結果生じたもの、としか言いようがな

い。

人材の集積、起業促進という点で、海外でどのような先進的な取り組みが実行されているかの実例として、経済同友会が二〇一七年に視察した、フランスのスタートアップ養成施設「Station F」を紹介したい。日本が選択すべき方向性の、大いなるヒントにもなるチャレンジだと考える。

同施設は、自らIT分野で成功した起業家グザヴィエ・ニール氏が私財を投じて一七年六月に開設したもので、三万四〇〇〇平方メートルの建物に、国内外の約一〇〇〇社が入居している。開所式にはマクロン仏大統領も出席し、「起業家精神を促進し、ビジネスに不寛容なフランスのイメージを刷新する」と宣言した。民間施設ながら、フランスの新たな国家戦略を担う施設と言ってもいい存在なのである。

施設には、条件によっては無料で入居することができ、育成プログラムに参加したり、お互いに情報交換したりすることができる。ただし、選考面接では事業への情熱、技術力、製品の市場訴求力などが厳しく問われるほか、入居は原則半年までと期限を区切り、早期の独立を促している。

驚かされるのは、その規模だけではない。まず、入居審査で経歴を一切問うことはなく、たとえ義務教育を受けていなくても門戸を開く。エリート養成高等教育機関「グランゼコール」

出身者が政治や経済を動かすという、同国の従来の価値観を壊す試みと言えるだろう。

さらに、フランス語を重視し、たとえ英語が分かっていてもめったに使わないというイメージのお国柄にあって、施設内の「公用語」は英語である。面接も、すべて英語で行われ、フランス語が話せない外国人でも入居可能なのだ。いかにこの場からスタートアップ企業を生み出そうとしているか、その本気度が分かろうというものだ。

ちなみに、開所から一年間の入居希望約一万一〇〇〇件のうち、約三三パーセントが国外からのもので、米国、英国、中国、インドの順に多く、日本は上位一〇ヵ国に入っていなかった（『日本経済新聞』二〇一八年八月二十七日付）。鳴り物入りでつくられた世界最大のスタートアップ施設に、GDP三位の国から乗り込む人間がベスト10にも満たないという事実は、やはり重く受け止める必要があるのではないだろうか。

この視察でも、キーワードは「マインドセット」だった。施設の担当者は、「フランスでは、近年、急速に若者のマインドセットが変化している」と述べたのである。有名大企業を数年で辞めて入居し、起業した若者も多いそうだ。

こうした変化の背景には、同国の官民それぞれの努力があったことを指摘しておきたい。フランス政府は一三年に「French Tech Initiative」を立ち上げ、スタートアップ事業に本腰を入れ始めていた。「French Tech」は、いまや同国におけるスタートアップのためのエコシステムを総称するブランド名になっているのである。

　実際、そうした戦略に沿う形で、「Station F」のような民間施設ばかりでなく、一六年にはパリ市が主体となって、デジタルコンテンツやクリエイティブ産業を対象にした、同じようなインキュベーション施設もつくられている。

　ニール氏の「美術館を見に訪れる国。そんなイメージを変えたい」というひとことが、変革の意味を象徴していると言えよう。

　ただし、こうした海外諸国の国を挙げての取り組みは、わが国にとって参考になるとともに、「脅威」でもあることを認識すべきだ。グローバル競争は、モノやコトの市場創造だけでなく、それをつくり出す人材の育成、獲得をめぐっても、熾烈を極めているのである。

　意欲や技術のシーズはあるものの、起業のノウハウや資金にネックを抱える人たちを適切にサポートし、スタートアップに導く。優秀なイノベーターが海外から普通にやってきて、この地で次々に成果を上げていく。そんな環境をどうしたら生み出すことができるのか、日本も真剣に考えるべき時である。

ＡＩがもたらす格差拡大への対応

デジタルトランスフォーメーションの時代に相応しい能力を持つ人材育成という意味から補足しておくと、今の日本では貧困・格差の問題が深刻化し、小中学生の七人に一人が就学援助を受けているという、看過できない現実がある。明治以来の画一的な教育、全体の平均点を上げることを主眼とした教え方では、時代を切り拓くイノベーターは生まれにくい。しかし、基礎学力を身につけるべきところで教育の機会均等が失われていては、〝金の卵〟が孵化しないまま終わるかもしれない。それは、「個性を育てる教育」以前の問題だろう。

まずは、義務教育段階での機会格差を解消させなければならない。その上で、高校・大学での教育機会を提供する奨学金制度を拡充すべきである。

多少の「格差」は、成長に向けた競争を起こすエネルギーともなる。ただ、デジタルトランスフォーメーションが本格化するにつれ、社会に出てからの「個人差」は否応なく広がるであろうことも、率直に指摘しておきたい。

前任者のやっていたことを踏襲すれば出世できたJapan 1.0時代と違い、デジタル化の進む世界は、ごく一部の「必要な人材」と大多数の「そうではない人たち」を、残酷なまでに選別する世の中でもあるのだ。例えば、数学に長けて統計学の分かるデータサイエンティストが億単位の給料を手にする一方、ＡＩに仕事を奪われた他の多くの人は、明日の暮らしにも窮するような状況が現実のものとなるかもしれない。

何も手を打たなければ、経済格差は拡大の一途を辿ることが目に見えている。イノベーションに向けた戦略を練りつつ、国や社会はそうした格差を是正する方向の議論を、併せて進めておく必要がある。

転職したくても従来のような仕事がないＡＩ時代には、その時代に適合した「ベーシックインカム（ＢＩ）」が検討されてもいいのではないだろうか。社会が何らかのかたちで個人を経済的にフォローし、新たな生き方への転換をサポートしていくのである。

ただし、フィンランドで社会実験が行われたような、国が就労していない人に一定の金額を支給するというかたちでのＢＩには、賛成できない。単純に一定額の給付を行うのでは、就業意欲や競争意識を殺ぐ結果になりかねないからだ。どのようなＢＩが望ましいかについては社会全体で知恵を絞るべきである。

データをめぐる覇権争いの構図

「プラットフォーマーは、国家のように振る舞う」と言った人がいる。自らルールを構築し、それに則って利益を得るビジネスモデルが、あたかも「立法権」や「徴税権」を持っているかのように見えるという、卓抜な比喩だ。しかも、彼らは、既存の国境線と無関係に、世界を股にかけて活動する「国家」なのである。

さすがにそのプラットフォーマーたちも、社会からの風当たりの強さを認識していることは、Googleを例にさきほど述べた。それは、裏を返せば、ひたすらプラットフォーマーのビジネスモデルのもたらす価値を享受し、彼らが成長するに任せていた社会が、その振る舞いのリスクに気づき、何らかの対策の必要性に目覚めたということを意味する。そして、価値を生むのも、リスクに晒されているのも、プラットフォーマーたちが収集、蓄積するデータにほかならない。

そのビッグデータの利用や規制をめぐって、世界規模の覇権争いが勃発しつつあることも、すでに指摘したところだ。二〇一八年末には各国、地域のスタンスが、ある程度はっきりしてきた。「争いの構図」をまとめると、次のようになる。

まず米国だが、ＧＡＦＡのような自国発のプラットフォーマーには、適宜ヒアリングなどを実施しながらも原則自由に活動させるというのが、今のところトランプ政権の基本姿勢である。

対して欧州では、一八年五月に、それまでの「データ保護指令」に代わり「ＧＤＰＲ（一般データ保護規則）」が施行された。個人データやプライバシー保護について「保護指令」の規定を厳格化し、ＥＵにノルウェーなどを加えた欧州経済地域（ＥＥＡ）の域外に個人データを持ち出すことを、原則禁止にした。違法だと認定されれば、最大二〇〇〇万ユーロ（約二六億円）の制裁金が課される。要するに、プラットフォーマーを牽制する姿勢を明確にしたのである。今後さらに、ネットの履歴関係のデータなどのビジネス利用を規制する法を準備する流れになっている。

データとは直接関係ないが、ＥＵで議論されているプラットフォーマーに対する課税に先立って、英国が単独で「デジタル税」を課すことを決めている。二〇二〇年四月から、世界売上高が年五億英ポンド（約七二〇億円）以上のＩＴ企業に対して、売上に二パーセント課税するという。タックスヘイブンによる税逃れという批判にも晒される彼らは、この点でも間合いを詰められつつある。

だが、「政府」の思惑通りに事が進むかどうかは分からない。新規のテックカンパニーは、デジタルテクノロジーをベースにしており、ボーダーレスであるネット上でサービスが完結する。

考えてみれば、これまではボーダーが明確だからこそ、国家は税金を徴収することができた。ところが、デジタルの世界では、古典的な税金政策が通用しにくくなっている。第二章で述べた複素数経済「ｚ＝ａ＋ｂｉ」で説明すれば、国家が重さのある「ａ」を掌握するのはたやすいが、重さも境界もない「ｂｉ」はそうはいかない、ということだ。世界を俯瞰して見れば、デジタルテクノロジーとそうしたポリティクスとの整合性が取りにくくなっている現実に為政

【図表4-2 データ政策の国際比較】

		米国	日本	EU	中国
個人情報	法律	個人情報を保護する包括的な法律なし	個人情報保護法	一般データ保護規則(GDPR)	サイバーセキュリティ法
個人情報	域外移転	原則自由	原則として本人同意が必要		基幹情報インフラ設備運営者(政府機関、エネルギー、財政、輸送等)が保有する個人情報、重要データは原則域外移転禁止
産業情報	域外移転	原則自由　※安全保障分野を除く			
産業情報	重要産業分野	クラウド使用に関する政府推奨あり	医療、金融分野にはデータ管理ルールあり	公共分野などのデータの国内管理義務あり	
データ管理／利用の主導者、基本的考え		**企業** データの自由な流通	米・EUと連携したルール整備	**個人** 情報自己決定権	**国家** データ流通の制限

者が警戒心を高め、その反動として、リアルな世界での保護主義の台頭が誘発されている、と考えられなくもない。

話を戻すと、それらと全く異なる次元で「データ管理」を強化しているのが中国だ。ひとことで言えば、「自国のデータの囲い込み」が彼らの基本戦略である。自国の情報は外に流出させることを禁じ、同時に自国のプラットフォーマーが取得したデータは、すべて国家がコントロールできる仕組みを構築した。国家が意図的に「ボーダー」をつくり上げたわけである。

中国ほどの人口があれば、国内で取得するビッグデータだけでも、さまざまなビジネスへの利用や技術開発が可能になる。国家は犯罪者などに関するさまざまなデータにアクセスできるため、権力の維持にとって、これほど有益なシステムはない。

データをめぐる「三極」のスタンスや思惑は、かくも見事なコントラストを描く。それは、データの保持が、「未来を制する」決定的なファクターであることの証左でもあろう。

データ政策の国際連携に向けて

当然のことながら、こうしたデータ覇権競争を繰り広げる世界に、日本がどういう立ち位置で臨んでいくのかが、鋭く問われている。今の大きな枠組みで言えば、米国、欧州との連携を図りつつ、WTOや、あるいはTPP、日欧EPAなどの場を通じてグローバルなルールづくりに参加していく、というスタンスが基本になるだろう。

そうした方向性を踏まえて、具体的な取り組みも始まっている。

域外への個人データ持ち出しを禁じた欧州のGDPRだが、データ移転先の国・地域のデータ保護の水準が「EU並み」と判断された場合には、持ち出しを例外的に認める「十分性認定」という仕組みがあり、日本にも認められた。日本側もEUを移転先として認定しており、個人データに関しては、日欧間で相互に円滑にやり取りできる枠組みが整った。

また、個人データの移転に関しては、APEC（アジア太平洋経済協力）も、「CBPR（越境プライバシールール)」システムを構築し、すでに運用されている。この枠組みにも、日本は二〇一四年から参加している。

こうした、個人情報保護が保障された下での円滑な越境移転が可能なデータ流通経済圏の構築、拡大に向けて、戦略的な検討を行っていかなければならない。国際協調を図りながら、自らに一方的に不利となることのないよう、議論をリードしていくことが求められている。ともすれば「個人情報保護」の議論ばかりが先行しがちだが、多くの企業にとっては、「産業データ」こそが死活的に重要な意味を持つ。利益の源泉であると同時に、海外に流出すれば、企業の存続にかかわる事態を招く可能性もある。サイバー経済が成長スピードを加速させる中、この点でも法整備を含めた早期の対策が不可欠だ。

国際連携の検討に向けて、政府には幅広い専門性と国際性を備え、現実のルール形成や交渉過程といった現場経験も蓄積したメンバーからなる、府省横断的な行政組織の設置を提案したい。ルールは、作って運用するだけでなく、不断の検証、修正が必要になるはずだ。従来の「縦割り対応」では、十分に対処しきれない課題だと我々は考える。

巨大プラットフォーマーなどによるデータの蓄積は、最終的には国家の安全保障に影響する問題であることも、強調しておく必要があるだろう。国家の防衛力を「航空母艦を何隻持っている」といったハードウェアのモノ差しで測る時代は、すでに幕を閉じつつある。ハードをいくら強固に築いたとしても、サイバー攻撃に対して無力であれば、一瞬にして国家の機能は他国に握られてしまうだろう。国際的なルールづくりとともに、独自にそうした攻撃に対する「防衛力」を備える必要がある。

有効なサイバーセキュリティを構築するためにも、高度なテクノロジーを駆使する人材が要ることは言うまでもない。この分野には「ホワイトハッカー」のような人材が不可欠なのだ。

見方にもよるが、そうしたサイバーセキュリティに従事する人間が、中国には五〇万人、米国に一〇万人、イスラエルにも七〇〇〇人いると言われる。ところが日本には、そもそもそうしたテクノロジーを理解する人材が、企業はもとより国レベルでも非常に少ないのが現実だ。防衛省のサイバーセキュリティ関連要員は五〇〇人以下とも言われている。

土台がそれでは、対外的なルールづくりの場などにおいて、政治家に国益を守る交渉が本当にできるのか、という懸念を禁じえない。バーチャル空間で、日本の安全保障体制をどのように実現していくのかについても、議論を急ぐべきである。

イノベーションを阻害する規制の撤廃を

企業が、イノベーションやガバナンスに関して、個別の努力を払うことは当然として、イノベーションのＹ軸を伸ばしていくためには、国家レベルで考えるべき、国内の規制・制度の問題を指摘しなければならない。

デジタルトランスフォーメーションで生まれる技術を社会実装することで、潜在需要が開花し、新たな製品やサービスが創出されたり、生産性の革命が実現したりする世の中になる。創造的破壊を引き起こすようなイノベーションに、「勝者総取り」のビジネス構造を生む力があることは、ＧＡＦＡの姿を眺めるだけで理解できるだろう。だからこそ、研究開発と事業化までのスピードが、大きな意味を持つのである。

そうした視点から世界に目を向ければ、アメリカは新しいプラットフォームを生み出す研究開発力に優れ、中国は先進技術をスピーディーに社会実装する力を証明した。さらにＥＵは、域内企業に有利な規制・制度を設けて、競争優位をわがものにしようと必死だ。ちなみにトランプ大統領は、本格的な規制の撤廃を明言しており、今後社会実装力という点でも、その力を高めていく可能性が高いとみなくてはならない。

翻って日本はどうかというと、繰り返しになるが、研究開発、社会実装力、規制改革のすべてにおいて、先頭集団から後れをとっているという現実がある。加えて、追い上げを図りたいＡＩ、ＩｏＴ、ビッグデータ、ロボティクスなどデジタルトランスフォーメーションの中核技術と目される先進技術分野において、そのイノベーションを妨げるさまざまな要因が存在するのである。列記してみよう。

まず、新しい産業革命と称される時代に相応しいルールが未整備だという、根本的な問題がある。規制・制度の改革がイノベーションのスピードに追いつけず、企業にしてみるとチャレンジしたくてもしにくい環境が解消されないのだ。

自動走行を例に取れば、①道路交通法令の適用・解釈（例えば、運転免許の要・不要）、②交通事故・違反の責任（被害者への補償など）、③製造物責任（自動運転制御システムへのウィルス感染への対応）、④情報管理責任（Origin Destination Date の管理）――といった、社会実装に向けて不可欠な制度インフラが未確立なまま、という現実がある。

また、イノベーティブなサービスやビジネスモデルが開発されても、既得権益を有する勢力の抵抗により新市場の創出、拡大が阻まれるという、相変わらずの問題が解消されていない。そのため、せっかくの技術が社会実装されないか、あるいは他国の企業に市場を奪われるという結果を招くのだ。ライドシェアサービス、遠隔医療、小中学校における遠隔教育などが、その例と言えるだろう。

万が一の危険を恐れ、過剰な「事前規制」が多用されるのも、日本独特の習慣だ。法律だけでなく、法的根拠のない役所の解釈に過ぎない「通達」でも新たな試みが抑えつけられている。

首相官邸へのドローン落下事故を受けて実施された航空法の改正は、まさに〝羹《あつもの》に懲りて膾《なます》を吹く〟ものだとしか言いようがない。二〇〇グラムを超えるドローンの飛行禁止という重量規制が設けられたが、これにより、飛行可能なのは鳩ほどの重さの機材までということになってしまった。空域規制、夜間飛行の禁止、物件投下の禁止、目視外飛行の禁止なども、どれも「ドローンを活用した新たな物流インフラの構築」というイノベーションの妨げになる。

さらに、日本に存在する「失敗を許さない空気」も、チャレンジの意欲を削ぐ要因として指摘しておきたい。イノベーションの創出には、試行錯誤が避けられない。取り組みに完璧さを求め、失敗したり問題が発生した時には一斉に「無駄遣い」などと叩く世論や、それをけしかけるメディアによる「監視」は、そうした失敗に寛容な国々に比べ、挑戦しようという人間にとって、明らかに不利な環境をつくり出している。

また、デジタル化による新たな産業創造を担うのは、豊かな創造性や先進技術に対する高い専門性を持つ人材、高度な価値判断や意思決定を行える人材だ。その獲得をめぐっても、グローバルな競争が展開されている。

ところが、そこでも日本は大きなハンデを負っている。わが国では、「所定の場所」で「所定の時間」に、「労働時間が評価基準になる業務」に従事することを前提とした労働法・慣行が一律に適用されている。このように、働き方をがんじがらめにされたら、例えば、時間など気にせずにやりたい仕事をしたい、という人間のやる気を喪失させる。結果的に、個人の能力やスキルを生かして新事業の創出に挑戦しようという人材ほど、目は海外企業に向くだろう。デジタル化時代に必要とされる人材は日本から流出し、産業競争力の低下要因となるのである。

こうした日本の「働き方」が抱える問題については、さらに第五章で掘り下げたい。

規制は「事後チェック型」を基本に作り替える

このようにイノベーションの阻害要因が明確になっている以上、速やかにそれを取り除くための行動に移らなければならない。

デジタルトランスフォーメーション時代の技術開発は、未知なるモノやサービスや環境をつくり出す試みだ。それがどんなものになるのか、「つくる過程」で想定するのは、難しい面が多分にある。そうした技術開発に「過剰な事前規制」をかけていたのでは、革新的な価値もシーズのまま葬り去られてしまう。デジタルの開発は、そうした規制を前提にするのではなく、できた後の「事後チェック型」を基本に据えたもので担保するかたちに、明確にシフトさせていくべきである。

その実行のために、英国で行われた「レギュラトリー・サンドボックス」の取り組みは、大いに参考になるだろう。「レギュラトリー・サンドボックス」とは、政府が、企業による革新的な技術開発に際して、現行法を即時適用することなく、実験環境を提供してイノベーションを促そうという試みだ。わが国でも、「日本版レギュラトリー・サンドボックス」を活用して新事業創出に向けた実証実験を行っていくことが必要である。

イノベーションの創出につきものの失敗に対して寛容な社会風土の醸成も、重要なテーマになる。そういう取り組みを実行する企業などに、監督官庁が行政指導を行う際にも、時代を切り拓くイノベーションの意味を十分理解し念頭に置く必要がある。

さらにメディアにも、未知の時代にチャレンジする姿勢を前向きに評価する報道姿勢が欲しい。それが、閉塞感の漂う日本の現状に風穴を開けることにもつながっていくのではないだろうか。

日本が目指すべき「リアルとバーチャルの融合」

インターネットを活用したビッグデータの収集、蓄積のプラットフォームは、GAFAなどの企業に完全に押さえられ、そこから生まれる価値、利益は、彼らが「総取り」の状況にある。それを踏まえた上で、日本はどんなターゲットに向かってイノベーションを推進していけばいいのだろうか？

「リアルとバーチャルの融合」こそが、その答えである。もっと言えば、そこにしか日本の生き残る道はない、と我々は考えている。

もう一度、「z＝a＋b·i」を思い出して欲しい。戦後の日本は、リアルな産業である「a」でGDPを伸ばしてきた。他方、新たなプラットフォーマーたちの巨大な時価総額を叩き出しているのは、バーチャルな「b·i」で、わが国はここで大きな後れをとったわけである。しかし、「a」では、わが国には依然として優位性を保つ産業領域が数多くあり、何より競争力を有する蓄積がある。例えば、医療関係の健康データや、世界最先端に上り詰めた製造業が持つデータ、要するに「正確で質の高いデータ」が豊富に蓄えられているのである。日本の弱さは、これまでこうした宝の山の価値に気づかず、有効活用の発想を欠いていたところにもある。

となれば、進路は明確だ。弱点だった「b·i」を鍛え、「a」とハイブリッドさせることだ。単純な足し算に留まらず、掛け算の世界で勝負に出るのである。

実はすでにチャレンジは始まっている。自動車の開発に例を取ろう。内燃機関をベースに据えた自動車で、日本は世界に冠たる地位を築いた。しかし、今はコネクティビティ（通信との接続）、オートノマス（自動運転）、シェアリング（共有サービス）、エレクトリックモビリティ（電動化）などを見据えた競争へと、車の開発はその方向性を大きく転換しつつある。

そんな中、二〇一八年十月、トヨタはソフトバンクと戦略的提携を締結し、共同出資会社を設立した。今述べたような分野のイノベーションを加速させるためであることは言うまでもない。

他方、プラットフォーマーも黙ってはいない。Googleは自動運転車の開発に向けて子会社を設立し、公道走行試験の実績で先行する。

「リアルカー」のメーカーがバーチャルを取り込み、一方ではバーチャルなプラットフォーマーがリアルのマーケットに参入する。異なる方向からのアプローチながら、ともに「a」と「b・i」のハイブリッド系を志向していることは、今後の戦いの主戦場がどこであるのかを物語って余りある。

こうした、いわゆる「サイバーフィジカルシステム」（CPS）をめぐる争いにおいては、日本にも十分勝機があると考える。さきほども述べたように、わが国ならではのデータの蓄積があることに加え、日本人が物事や状況を「最適化する力」に優れているのも、世界と競う上でのアドバンテージと捉えるべきである。

日本には、お互いの利益が相反する中でも活路を見出してきた実績がある。売り手も買い手も満足し、社会貢献も実現するという近江商人の「三方よし」の心得などは、その典型と言えよう。

極東の地にあって、異質な文化も柔軟に取り入れて熟成させ、世界のどこにもない価値、精神世界を創造してきたのも日本人である。「和魂漢才・和魂洋才」の歴史を重ねてきた我々の中には、「混ぜご飯」のＤＮＡが流れていることを忘れてはならない。もともと、いろいろな要素を混合（ハイブリッド）して、「えもいわれぬ味」を出すのに長じた国民なのである。

ＧＡＦＡが、日本やヨーロッパではなく、なぜ揃ってアメリカで誕生したのか？　異民族がぶつかり合い、それだけにコミュニケーションの重要性が強く認識されたアメリカだからこそ、インターネットが発想され、それを利用したプラットフォーマーが生まれたという見方を説く人もいる。いずれにせよ、イノベーションを語る上で、こうした国民性を軽視すべきではない。

繰り返すが、日本にもビッグデータはある。今までその扱いが圧倒的に拙かったという、弱さの根源も明らかになった。そこを学習し直し、コンピュテーショナル・デザイン・シンキングに立脚したイノベーションを追求することによって、日本が次世代のプラットフォーマーの地位を獲得できる可能性は大きく開けてくるはずだ。ＡＩ、ＩｏＴなどの技術が飛躍的に進歩し、使い勝手も向上して、かつてと比べてできることが大きく広がっている現状を、前向きに捉えるべきであろう。

2045年に向けて目指すべき姿

「Y軸：イノベーションによる未来の開拓」

(1) 先進技術による新事業創造

■社会・産業における高度なデータ活用により、生産性革新と課題解決を実現

・モノづくりでの過去の成功体験や既存の産業・企業の枠組みから決別し、バリューチェーンにおける顧客の位置づけの変化（パーソナライゼーション）を捉え、データを資源に新事業を創出する。

・企業はデジタルトランスフォーメーションを、①オペレーション（業務）の効率化、②ビジネスモデルの変革、③世界課題の解決に必要なパラダイムの転換の各段階で推進していく。そのために、企業全体をデジタル・ネイティブな組織にする。

・日本、および日本企業は、「オールジャパン」の発想から脱却し、グローバルにオープンイノベーションや産学官連携に取り組む。

・基礎インフラや社会サービスが不十分な新興国で、その環境に適した低価格・超高効率の

製品・サービスなどの開発を第三国の企業と共同で行い、リープフロッグ（カエル飛び）を実現し、成果を日本に持ち帰るリバースイノベーションを推進する。

- テクノロジー、データ、人材という新事業創造に必要とされる三要件を世界中から惹きつけるスーパーメガリージョン（リニア中央新幹線全線開通によりつながる首都圏・中京圏・近畿圏）を形成する。

（2）新産業革命と規制・法制改革

■イノベーションを阻害する規制・制度の打破とデジタル化に対応した規制の設計

- AI、IoT、ロボティクスなど、新産業革命のコア技術を活用した新事業の成長を促進するために、世界に先んじて規制改革を行い、グローバル・スタンダードを整備する。
- デジタル化による産業・業態間の融合、オンライン上でのサービス提供、モノ・資産の共有化に対応すべく、アナログ化、オフライン化、所有化を前提とした業法による縦割規制を排し、新たな規制を設計する。
- 先進技術の社会実装のスピードを速めるために、事業の実証実験の環境を整備・拡充し、実験から得られるデータ、エビデンスに基づく規制改革を推進する。

・サイバー空間に適用される規制や、地域の裁量が大きい特区の展開など、空間やエリアにより異なる規制・制度が適用される一国多制度の社会を実現する。

第五章

社会の持続性を維持し、高めていくために＝Ｚ軸

黄信号が灯る日本社会の持続可能性

豊かな経済を実現するX軸も、イノベーションを推進するY軸も、社会の持続可能性の確保、すなわちZ軸があってこそ、その値を伸ばすことができる。Japan 2.0による国家価値の最大化は、戦後の高度成長期、バブル経済期には最優先されてこなかったZ軸の貢献なしには、果たせないのである。

第二章で、わが国にとって、社会の持続性をマネジメントしていく上で特に重要かつ重い政策課題は、「財政と社会保障」であることを指摘した。この章でも、その〝不都合な真実〟に目を向けることから始めたい。

現在、「国と地方の長期債務残高」は一〇〇〇兆円を超え、今後さらに積み上がる方向にある。深刻な財政赤字が常態化した主な原因が、バブル経済崩壊後の度重なる大規模景気対策の実施や、急速な少子化・高齢化に伴い社会保障支出の増大する一方、増税が行われてこなかったためであることは論を俟たない。結果的に、国債費、要するに国の借金の返済にあてる金額が、一般会計歳出総額の二割以上を占める異常事態となっているのだが、これも現状のような低金利だから「許されて」いる。今後、金利上昇局面になった場合、「借金返済」のための財政支出は、さらに拡大する可能性が高い。

そしていったん火がつけば、危機のスパイラルは加速度的に進行するかもしれない。財政的な信頼という後ろ盾を喪失した日本国債は買い手がつかなくなり、政府は借り換えに窮するようになる。行政サービスは停滞し、社会保障の基盤は揺らぐ。国債金利上昇に連動した金融機関の貸出金利は上昇し、企業の資金調達も難しくなる。「物価目標」を振り切るような異次元のインフレ状態となり、国民生活を直撃するだろう。国債価格も大幅に下落し、それを大量に保有する金融機関の損失は拡大、金融危機の引き金となる。

もちろん状況の打開に向けて、政府が何もしなかったわけではない。二〇〇一年以降は、財政健全化の目標として「国と地方の基礎的財政収支（プライマリー・バランス＝PB）の黒字化」を掲げ、数次にわたる取り組みを進めてきた。PBとは「税収・税外収入と、国債費（国債の元本返済や利子の支払いにあてられる費用）を除く歳出との収支のことを表し、その時点で必要とされる政策的経費を、その時点の税収等でどれだけまかなえているかを示す指標」（財務省ホームページ）である。平たく言えば、「借金返済は続くものの、なんとか新しく借金をしないで財政が回る」状態が、「バランス」である。

だが、政府目標だった「二〇二〇年度の黒字化」は、補正予算による支出の増加や税収の伸び悩み、消費税率引き上げ延期の影響などにより、不可能となった。内閣府の「中長期の経済財政に関する試算」(一八年七月九日)によれば、二〇年度のPBは、黒字どころか八兆九〇〇〇億円程度の赤字になる見通しだ。

現状を見れば見るほど、財政規律の徹底、赤字国債発行額の削減は、日本に課せられた喫緊の課題であることが理解できるだろう。だが、この課題についての政治、行政、企業、そして国民の足並みは揃っているとは、到底言い難い。

現在考えうる財政再建の有力策の一つである消費税率引き上げを取ってみても、国会の場で野党はこぞって反対の立場を表明した。国民世論も割れている(「日本経済新聞電子版」二〇一八年十月二十八日、賛成=四七パーセント・反対=四六パーセント)。反対する理由についても、「そもそも我々は税金を取られ過ぎている」「増税などしなくても、国が身を切る努力を払えば、財政再建は可能なはずだ」、反対に「ここまで借金が膨らんだら、もう何をやっても遅い」などなど、国民の間にはさまざまな意見、感情が交錯している状況だ。

繰り返すが、もはやあれこれ「議論」に明け暮れている時間はないというのが、我々の認識だ。あらためて論点を整理し、経済同友会としての提言を述べることにしたい。

「消費税率一〇パーセント」では足りない

日本の財政を健全化させようとするならば、国の収入＝税収を増やすことと、支出を減らす取り組みを並行して、強力に推し進める必要性があるのは、一目瞭然だ。まずは、収入面から論じていこう。結論を言えば、消費税率の引き上げは避けることができないというのが、我々の主張である。

二〇二五年には、団塊の世代全員が後期高齢者になり、七十五歳以上人口は、その後も増加し続ける。医療・介護給付費は当然のごとく増加していくだろう。政府の試算では、四〇年度の社会保障費は、現在の一・六倍の一九〇兆円にまで膨らむ。そうした将来も見据えて、二五年度より前に、確実にＰＢの黒字化を達成すべきだ。

右肩上がりに伸びていく社会保障関係費の財源としては、税収が安定的で国民が広く薄く負担する消費税が望ましいと考える。ただし、我々の試算によれば、一九年十月に実施が決まっている税率一〇パーセントへの引き上げだけでは、とても今後の社会保障費の伸びをまかなうことはできない。「ポスト税率一〇パーセント」の議論を、すぐに開始しなくてはならない。

引き上げの仕方も工夫が必要だ。消費税率引き上げの際には、どうしても直前の駆け込み消費、増税後の反動による消費の落ち込みが問題になる。そうしたことを起こりにくくし、支出の伸びに見合った税収増を確保していくために、例えば毎年一パーセントずつ、自動的・段階的に引き上げていく方策を検討したらどうか。いずれにせよ、「一〇パーセントへの引き上げ」だけで安心していられる状況にはないことを、認識する必要がある。

では、どの程度の税率引き上げが必要なのだろうか？　経済同友会は、さきほどの内閣府の「中長期試算」（二〇二七年まで）を超える長期財政試算を行った。試算が視野に入れるのは、Japan 2.0 のゴールの二〇四五年である。

ちなみに内閣府は、政策効果が発現する「成長実現ケース」と、将来にわたって経済が足元の潜在成長率並みで推移する「ベースラインケース」の二通りの試算を示している。例えば前者では、経済成長率が緩やかに上昇し、二〇年代前半に実質二パーセント、名目三パーセント以上に達するシナリオで、歳出削減努力を織り込まずに二七年度のPB黒字化を見込む。しかし、わが国の名目成長率が三パーセントを上回ったのは、過去二〇年間で一度（一五年度）しかない。ＩＭＦ（国際通貨基金）による日本の実質経済成長率予測は、二〇年度〇・三パーセント、二一年度〇・七パーセント、二二年度〇・五パーセントなのである。

構造改革を促し、X軸を伸長させることで税収増を目指すのは重要である。しかし、「期待値」をベースにしていたのでは、厳しい財政状況を打開する武器にはならないのではないか。実効性ある計画とするためには、より現実的な成長率を前提に、歳出・歳入に目を向けていかなくてはならない。

我々は、そうしたスタンスを踏まえ、図表に示すような三つのシナリオを設定した。なお、

【図表５-１ 基礎的財政収支（対名目GDP比）】

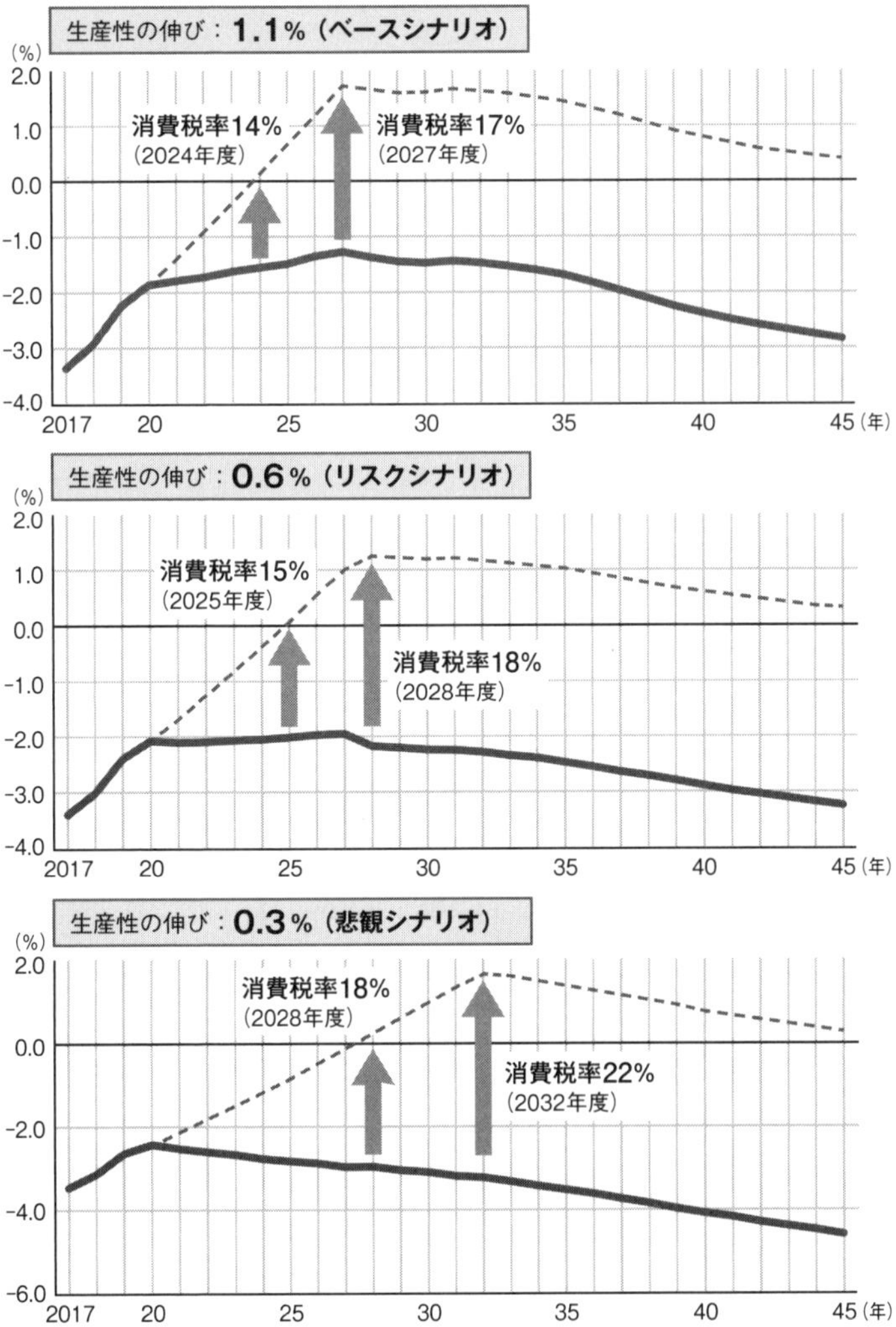

出所：経済同友会事務局作成

すべてのシナリオにおいて、①消費税率は、二一年度以降、毎年一パーセントずつ、四五年度までPB黒字化を維持できる水準まで引き上げる、②内閣府試算に準じ、本会が提言する社会保障制度改革による歳出抑制効果は織り込まない、③名目長期金利、消費者物価上昇率、デフレーターについては、二七年度までは内閣府のベースラインケースに従い、二八年度以降は二七年度の値で据え置く――ことを前提としている。この図表では、消費税率を二〇一九年十月に一〇パーセントに引き上げただけのケースにおける基礎的財政収支の対名目GDP比の推移を実線で表し、各シナリオでそれがどう変動するかを破線で表した。

試算の結果は、以下の通りである。まず「ベースシナリオ」では、消費税率が一四パーセントとなる二四年度にPBが黒字化し、四五年度までそれを維持するのに必要な消費税率は一七パーセントとなった。一方、「リスクシナリオ」の場合は、PB黒字化が二五年度（消費税率一五パーセント）、維持するために必要な税率は一八パーセント、「悲観シナリオ」ではPB黒字化が二八年度（同一八パーセント）、維持に必要な税率は二二パーセントだった。

財政再建のために避けては通れない税収増は、消費税率引き上げを中心に据えて取り組む。「PB黒字化を四五年度まで維持」に目標設定し団塊世代全員が後期高齢者となる二〇二五年度より前にPB黒字化を実現する、そのためにポスト税率一〇パーセントへの引き上げの議論を早期に開始すべき――。それが我々の提言である。

一方で、二〇一九年一月三十日に発表された内閣府の「中長期の経済財政に関する試算」によると、「成長実現ケースについては、経済成長率は緩やかに上昇していき、２０２０年代前半に実質２％、名目３％以上の経済成長を実現する」「結果として、２０２０年度頃に名目ＧＤＰは概ね６００兆円に達する」「ＰＢ黒字化の時期は２０２６年度となる」というきわめてあいまいで楽観的な見通しが描かれている（傍点著者）。まさに霞ヶ関文学と言うほかはない。

「付加価値税率二〇パーセント」は先進諸国の常識

【図表５-２ 各国の付加価値税率（標準税率）】

日本	８％
EU指令	15％以上
英国	20％
ドイツ	19％
フランス	20％
イタリア	22％
スウェーデン	25％
デンマーク	25％
ギリシャ	24％

出所：財務省

「消費税率二〇パーセント」と言えば、現状の倍以上の税率である。八パーセントから一〇パーセントへの引き上げだけでも何度も延期された国情からすると、「桁違い」の印象を受けるかもしれない。しかし、先進諸国は、おおむね標準税率二〇パーセントを超える「付加価値税」を導入し、国民の負担率を高める一方で、一部の国を除いてきちんと財政規律を維持しているのである。むしろ日本が少数派なのだという事実を認識すべきだ。

高い税率を課している国々、特にＥＵ諸国の状況は教訓に富んでいる。日本が税率三パーセントの消費税を導入したのは一九八九年だが、欧州では、多くの国が一九六〇年代終わりに一〇パーセント台の税率で付加価値税を導入した。

中でも注目されるのはスウェーデンとデンマークで、それぞれ九〇年、九二年に税率を二五パーセントまで引き上げ、その後、税率を変えていない。両国とも世界に冠たる高福祉政策を実現できているのは、そういうしっかりした財源が、長期にわたって確保されているからにほかならない。

ただし、すべての国がここまで順風満帆だったわけではない。フランスでは、二〇一二年にサルコジ政権下で二〇パーセントから二一・二パーセントへの税率引き上げが決まったものの、それを継いだオランド政権が、選挙公約に基づいて引き上げを撤回した。

〇七年当時、ＥＵ財政規律条項に抵触するほど財政赤字が膨らみ、その解消が急務だったドイツは、ドイツキリスト教民主同盟（ＣＤＵ）が増税を選挙公約として連邦議会選挙で戦った。だが一一年の総選挙では、ＣＤＵは一転して減税を公約とし、「次期政権下でも、付加価値税は引き上げない」とした。

他方、英国では、〇八年にリーマン・ショックに伴う景気対策の一環として、一七・五パーセントから一五パーセントに税率を下げたものの、その後の財政規律の緩みから赤字が増加する事態となった。一〇年に財政健全化を強く訴えたキャメロン政権が誕生し、税率は二〇パーセントまで引き上げられ、見事財政再建に成功している。

やはり、どの国でも税率引き上げは簡単ではなく、前政権の決めた増税を反古《ほご》にするような事態さえ起きている。そうした中で財政の健全化を図っていくためには、強力な政治的意志、リーダーシップと、国民の理解、支持が不可欠なのである。

付言すれば、「経済成長を阻害する」と攻撃される消費税だが、慶應義塾大学経済学部の土居丈朗教授は、「消費税率（付加価値税率）が高いからといって経済成長率が低くなる訳ではない」と、指摘する（経済同友会「財政フォーラム」〔二〇一八年十月二十六日〕配布資料より、以下同）。その上で、「わが国に求められる『成長戦略』は、消費税率が欧州諸国並みになっても経済成長ができるような産業構造にすること」だと述べるのだ。

さらに土居教授は、「消費税は、税収に占める割合が高まるほど経済成長と親和的に」なるとも言う。同じ税収を得るのであれば、個人所得や法人所得に課税するよりも、消費税のウェートを高めたほうが経済成長のためにはいい、というわけである。

税のあり方は、このように包括的に議論すべきであろう。ちなみに、世界標準からすれば、「消費税が安く、法人税は高い」のが、今の日本である。事業の最適化に向けて「企業が国を選ぶ」時代に、財政が厳しいからといって法人税率を上げれば、企業の「海外脱出」に拍車をかけて雇用は減り、税収もかえって減ってしまうかもしれない。ならば、どうしたらいいのか？　国民一人ひとりが、自分のこととして考えなければなるまい。

「出ずるを制する」歳出改革を

次に歳出面について述べる。「出ずるを制する」ことこそが、財政健全化の肝である。こちらも「痛み」を伴う改革が必要不可欠だ。苦労して歳入増の手立てを築いたとしても、歳出改革の道筋が描けなかったら、危機の打開は幻に終わる。

日本の財政の重荷になっているのは、一般会計の三割超を占める社会保障関係費である。高齢者数の増加や医療の高度化などに伴ってこれからも増加が見込まれているその領域の支出を見直し、計画的に伸びを抑制することを、この課題の柱に据えなければならない。

政府は「経済・財政再生計画」（二〇一五年六月閣議決定）で、「二〇一六～一八年度の三年間で、社会保障関係費の伸びを一・五兆円増加に抑制する」という「目安」を設定した。

それに倣い、二〇一九～二一年度の三年間についても、同様に社会保障関係費の伸びに数値目標を設定し、団塊世代が後期高齢者の仲間入りをし始める二二年度より前に、これまで以上に厳しい歳出削減に取り組むべき、というのが経済同友会の提言である。

その際、医療・介護制度における財政調整など、企業の負担増によって財源を捻出するような付け焼刃の政策はやめ、給付費の増加抑制や適正化というあくまで王道を行くべきである。医療や介護の給付費は、人口構造の変化だけでなく、医療の高度化によっても上振れする可能性がある。医療・介護領域における労働の生産性を高め、より質が高く効率的なサービスを実現することが重要だ。

同時に、医療・介護給付の半分近くが公費でまかなわれている現状も、再考が必要だ。現役世代の人口が減少して高齢者が増えていく事実を踏まえ、自己負担、保険料、税からなる負担構造を抜本的に見直すべきである。

経済同友会で検討した主な施策を図表にまとめた。例えば、「受診時定額負担」というのは、かかりつけ医以外のところで受診する場合には、一律に五〇〇円を支払うという制度である。また、後期高齢者にも、自己負担増というかたちで「痛み」を分かち合ってもらわなければならないだろう。

こうした改革をすべて実行すれば、五兆円の歳出を抑制できる計算だ。消費税率にすれば、約二パーセントに相当する。「痛みを受け入れるか、それとも増税か」という視点で表を眺めれば、目の前の改革の「相場観」が、実感できるのではないだろうか。

ただし、これらを実行すれば安心というわけにはいかない。消費税率や社会保険料の上昇と

【図表５-３ 社会保障制度改革による歳出抑制効果】

	制度改革の概要	効果
医療	受診時定額負担（500円）の導入	1.2 兆円
	後期高齢者の医療費自己負担２割への引き上げ（※１）	0.82兆円
	インセンティブ付与の仕組み強化（予防に向けた取組）	0.58兆円
	終末期医療の見直し	0.54兆円
	一人当たり医療費の地域差是正（※２）	0.43兆円
	薬（外来）の自己負担一律３割化	―
	医療費適正化計画に基づくデータヘルスの推進に伴う外来医療費の縮減	0.22兆円
	後発医薬品の利用促進	0.16兆円
	OTC類似薬の保険給付外化	0.1 兆円
介護	介護サービスの自己負担の引き上げ（現行１割⇒２割）	0.67兆円
	軽度者向け生活援助サービスの見直し	（※３）
	一人当たり介護費の地域差是正	0.1 兆円
子育て	児童手当の特例給付の廃止	0.08兆円
		５兆円程度

（※1）自己負担額が一定額を超えた場合に医療保険から補填される「高額療養費制度」を考慮していないため、効果は高めの計上になっている可能性がある
（※2）一人当たり医療費が全国平均を上回る都道府県について、全国平均との差を半減
（※3）平成27年4月から平成29年3月にかけ、要支援1・2を対象に訪問介護と通所介護の総合事業への移行が進められたが、その効果は精査中
（※4）歳出抑制効果は2023年度時点を想定
出所：厚生労働省資料等を基に経済同友会試算

いう国民負担を少しでも和らげるためには、所得だけでなく資産も考慮に入れた負担の見直し、診療報酬・介護報酬、ケアプランの適正化による自立支援といったテーマにＡＩなどを活用し、検討を急ぐ必要がある。

もちろん、社会保障以外の歳出改革、例えば地方行財政改革や、質の確保とメリハリの効いた高等教育無償化などにも取り組んでいかなくてはならない。

絶対に必要な「第三者機関」

付加価値税率の引き上げで財政危機を克服したEU諸国の例を挙げたが、こうした国々は、予算に制約を課す財政ルールを導入するとともに、財政状況をチェックし、政府を監視する第三者機関（独立財政機関）を置いている。わが国にも、そうした財政規律確保のための制度的枠組みがぜひとも必要だと考える。

「安定政権」と称される安倍政権下にして、消費税率引き上げは二度にわたって延期され、それもあって、二〇二〇年度のPB黒字化目標は先送りとなった。説明したように、EU諸国もすんなりと税率引き上げができたわけではない。財政健全化のような国民の「痛み」を伴う改革は、強い政治的意志に加えて、それをフォローする法的制度が不可欠なのである。

第三者機関の役割は、官の情報や各種指標に基づいて政府に提言を行ったり、財政に関する客観データを社会に提示したりすることである。それらを材料に、メディアや国民が財政についての関心を高め、政治・行政を動かしていく流れをつくるのが重要なのだ。今のように、財務省が政治や官邸に物申すのは限界がある。

現在の財政状況は、「高いレベルの社会保障を享受したいが負担増は嫌だ」という、現世代の「エゴイズム」によってもたらされたという側面が否めない。第三者機関は、「将来世代の代弁者」として、「現世代が利益を享受し、将来世代が負担する」という構造にメスを入れる使命も担う。理不尽な構造の問題点を明らかにし、現世代の受益は可能な限り現世代で負担し、次世代にツケを回さない仕組みづくりに向け、意識改革を先導していくのである。

とはいえ、どんなに立派なプランや仕組みをつくって、数値目標が整備されたとしても、「持続可能な社会をつくるために、今は痛みを我慢しよう」という認識を、肝心の国民の側が共有するようにならなければ、改革は画餅に帰すのではないか。高福祉を実現している北欧では、付加価値税を上げないような政策は、むしろ支持されてこなかった。有権者は、「増税してもいいから、そのぶんを社会保障に回して欲しい」というマインドで、政治参加してきたのである。

日本では、そもそも国家というものが経済的にどのように成り立ち、それを支えるために国民一人ひとりがどのような役割を果たすべきなのか、といった教育がなされていないという現実がある。財政健全化は、そういう日本の根本の問題を問うテーマなのかもしれない。

あるべき「働き方改革」とは

Japan 2.0のZ軸では、今述べた「社会保障」「財政」に加え、「労働市場」「教育」「環境・資源エネルギー」「安全保障」の計六つの政策分野について、目標を設定している。ここからは、デジタルトランスフォーメーション時代に欠かせない「働き方」「教育」を中心に、論じていくことにする。

前章でも触れた、時代との齟齬をきたしつつある日本人の「働き方」を見直す上で、年功序列を是としてきたような企業の果たすべき責任は大きい。ただし、それが企業のみで解決できるものではないことも明らかである。国による法制面での政策実現、教育体系の改革と合わせ、三位一体で推進していく必要があるのだ。

そういう意味でも、二〇一八年六月に成立した、いわゆる「働き方改革関連法」は、中身もさることながら、それをめぐる国会の議論、世論の反応なども、Japan 2.0時代の働き方を考えていく上で、非常に示唆に富むものだった。ここで、議論の的となった「裁量労働制」「高度プロフェッショナル（高プロ）制度」を中心に振り返っておくことにする。

ちなみに、両制度とも「労働時間が労働者の裁量に委ねられている労働契約」だが、後者は「証券アナリストやコンサルタントなど、専門知識を持ちつつ一定の年収がある専門職を、残業代などが発生する労働時間の規制対象外とする制度」である。以下、両制度が表す概念を、広い意味での「裁量労働」として話を進める。

今回議論された（今後も議論が続くであろう）「働き方改革」は、企業サイドからみれば、諸外国に比して低迷している労働生産性を高める、極めて重要な意味を持つものである。問題になっている長時間労働を見直し、効率的な働き方が広がれば、仕事に対するモチベーションも高まるだろう。

ところが、国会の審議では、そうした本質的な議論が置き去りにされた感が否めない。反対勢力は、「裁量労働制の拡大、高プロ制度の導入は、長時間労働を増やす」といった姿勢で改革に反対論を述べ、少なくないメディアがそれに同調し、世論にも影響を与えたのである。

基本的なことから言えば、例えば、工場の製造ラインに従事する労働者がバラバラの時間に出社したのでは、モノづくりにならない。自分の裁量で持ち場を離れることが許されないのは、当然のことである。こうした働き方は、「時間拘束型」であり、基本的に働いた時間で評価されることになる。

これに対して、裁量労働というのは、「何時から何時までという勤務時間に捉われない働き方」「労働時間ではなく、成果によって評価を受ける仕組み」である。例えば研究職の社員が、子どもを幼稚園に送らなければならない日には昼前に出社し、夜まで実験を続ける。そういう勤務形態でも、成果を出せば誰も文句を言わないばかりか、自由な働き方は斬新なアイデアを生むことにもつながるだろう。

だが、国会審議では、働き方の質が異なるこの両者がごちゃ混ぜにされ、時間というモノ差しのみの議論に終始したため、全く消化不良のまま時間は過ぎた。

そもそも国会の場では、「世界と戦うために、雇用の流動性をどう実現するか」「労働生産性はどうしたら高まるか」「女性やシニアの働き方をどうしていくのか」といった、五年先、十年先を見据えた本質部分の検討に時間を割くべきであった。それをやらずに上辺のテーマだけ取り上げて、旧態依然の議論に終始していたのでは、日本型雇用慣行の壁を崩すのは困難である。

「時間」「残業」だけの議論でいいのか

あらためて、世の中は今、デジタルトランスフォーメーションという一大変革のさなかにあること、その新たな環境の下で、グローバルな生存競争が繰り広げられている現実を直視したい。何度も述べたように、勝ち残りの鍵は、どれだけ社会に価値を提供できるかにかかっている。時代が求める価値を生むためには、その主体である人が、時代に合った働き方のできる社会でなければならない。

ＡＩが次々に人間の仕事を代替していくと言われる中、人間にしか生み出せない価値の源泉は、クリエイティビリティにほかならない。高度な専門性を有する人が、それを発揮しやすい環境や正当に評価する仕組みを作らなかったならば、誰が日本で働くことを選択してくれるだろうか。

シリコンバレーに集う企業では、いろいろな人種の社員が、思い思いの出で立ちで自由な時間に出勤し、そこかしこにある接点で異なるスキルを持つ者たちと情報を交換し、必要な相手を見つけてチームを結成し、プロジェクトを実行していく。そんな「風景」が当たり前だ。彼らはそうした職場環境の中で、独創的なアイデアを次々に生み出し、プラットフォーマーとしての地位を築き上げ、維持しているのである。

そうやって、すでにシフトチェンジを終えた欧米諸国などでは、時代に即した働き方改革が着実に進みつつある。日本だけ、いつまでも「時間」「残業」にこだわった議論を重ねていていいのだろうか。

これもあえて言っておけば、「過重労働」を原因とする自殺や過労死などの問題を根絶する必要があるのは、当然のことだ。従業員に行き過ぎた長時間労働を強いることは許されない。しかし、単純に労働時間を減らせば、それで問題は解決するのだろうか？

例えば、夢であるベンチャー企業を立ち上げようという人間は、目的を達成するために昼も夜もなく仕事に奮闘するだろう。明確な目標があり、やりがいを持って仕事をしているのなら、簡単に心が壊れたりはしないだろう。その仕事を続けるために、自ずと体調管理にも気を使うようになるはずである。

問題の根源は、上司の命令にただ従って、あるいはひたすら周囲の期待に応えるために働く、といった「やらされ感」の強い長時間労働にある。表面的な労働時間をいじるだけでは、病巣は残ったままだ。

「働き方改革」とは、「どうやったら、クリエイティブな職場環境が実現するか?」「楽しく仕事をするには何が必要か?」といった部分から問い直し、欧米企業などからも学びながら、最適解を見出すべきものだろう。我々は、現状はまだ改革のスタートラインに立っているかどうかも怪しいと思う。

旧来型の採用方式の見直しを

いわゆる「就活ルール」についても改革が急務であると我々は考えている。

どんな人材をどんな基準で採用するのか、あるいはできるのかは、企業の成長性に直結する。新たな事業を起こしたり、イノベーションを促進したりするためには、多様な人材が必要である。それゆえ、採用のあり方についても、抜本的な見直しが急務である。具体的には、入社後の年功序列につながりやすい新卒一括採用＝メンバーシップ型雇用は、ジョブ型雇用とのハイブリッドに段階的に移行する必要がある。

そもそも人生一〇〇年時代と言われる中で、例えば大学卒業前のたった一回の採用試験でその後の生き方が決定づけられる「ワンチャンス就活」の不条理に気づくべきである。在学中の長い期間を就活に費やすことになるために学生の修学を妨げ、人材育成を阻害する、さらには、若者の可能性を著しく狭め、企業にとっては、「ミスマッチ人材」を多く抱え込むことが、事業の発展に必要な新陳代謝の阻害要因ともなる。

経済同友会では、有為な人材を採用・育成するために、大学卒業後三〜五年はバッファゾーンとして、一度入社しても、合わなければ辞めて再トライができる仕組みなどを提案してきた。海外では、長期のインターンシップを経て、自分を鍛えてから就職活動にチャレンジするという仕組みもある。そうした期間に社会や企業を知り、自らの適性、やりたいことを見極めるのは、優れて合理的である。これだけ不確定要素が多く、産業構造が音を立てて崩れていく世の中にあって、高校や大学で学ぶことだけが勉強ではない。

これからは「定期一括採用」ではなく、「通年採用」を基本に考えていくことになる。「四月に新卒者を採用して一斉に入社式」という日本の常識は、世界からすると全くの非常識なのである。それが日本の国際競争力を殺ぐ最大の原因になっているという指摘は、海外からもある。

お仕着せのルールを排し、「行きたい会社が見つかったら、いつでも入社試験を受けられる」「欲しい人材には、いつでも来てもらう」という雇用の流動性確保を実現しなければならない。毎月採用だと企業の負担が大き過ぎるのならば、四半期ごとにするなど、この点はいろいろと工夫のしようがあるはずだ。

中国のJD.comで聞いた話だが、本社内に採用面接用の部屋がある。そこでは、毎日二〇〇人を採用し、一方で一〇〇人が辞めていくそうだ。そうした企業と戦わなければならないことを、肝に銘じるべきである。卒業後、即就職しなければならないという、明治以来、日本人に染みついてしまった「心の岩盤」を打ち破るところから始めたい。

「気持ち」の問題についても触れておきたい。X軸を伸ばしていくためには、ここまで述べてきたような制度改革が不可欠ではあるが、それだけでは、「仏つくって魂入れず」になりかねない。管理が行き過ぎれば、社会から活力を奪うことにもなる。

グローバルな戦いに勝ち抜くためには、働く人たちに「やる気」「ガッツ」が満ちている必要がある。ところが、特に日本人は、「いい大学に入って、ブランド力が高く、給料のいい会社」に入ることで満足する傾向が強いように感じられる。欧米やアジア、中国の人たちに比べれば、ハングリー精神の欠如は明らかだ。「気持ちで負けない」日本人を育むために、教育のあり方も含めて、検討を深めていかなくてはならない。

誰も彼もが、同じようにそうした道を選びたがる同質的な傾向は、大いに憂慮すべきである。本来、「働き方」は人に与えられるものではなく、自らが選ぶものだ。改革は、それが可能な環境整備を目標に進めるべきだろう。

「リスペクトされる国」であり続けるための人づくり

困難な中で国の未来を拓くためには、それを担う人づくり＝教育が欠かせない。人材の重要性は各章で述べてきたが、最後にJapan 2.0の最適化プロセスで目指すべき姿からバックキャストしつつ、論点をまとめておきたい。

二〇四五年、日本の世界シェアは、実質GDPで約四パーセント（現在は六パーセント）、人口では一パーセント（現在は二パーセント）に低下すると予想される（経済同友会「Japan 2.0」具体化に向けた各委員会等の論点についての中間整理」資料、二〇一八年二月十日より）。数字上の位置づけが変わる中でプレゼンスを発揮し、リスペクトされる国であり続けるためには、「世界と社会に貢献する人材を育てる」という視点を、まず明確にすべきではないだろうか。「キャッチアップ型経済に適した人材育成」「画一的な学校教育」「型通りの『正答』を求める試験」という、Japan 1.0時代の最適モデルは、もはや今後の目標たりえないのである。

二〇四五年に向けた改革を展望する上では、これまでとは全く異なる「教育環境」も念頭に置かなくてはならない。

十八歳人口は、一九九二年に二〇四・九万人だったのが、二〇一八年に一二〇・七万人、四五年には八四・二万人まで減少すると予想される。いわゆる「大学全入時代」には、大学生の資質・能力の低下が懸念され、大学の存在意義があらためて問われることとなる。

また、人間の多くの仕事が、機械（AＩ）に丸ごと取って代わられるという、人類が経験したことのない事態が本格的に進行する。それに伴い、学校教育で身につけるべき知識・技能は大きく変わることになる。

企業の存続が容易ではなくなり、ダイナミックな新陳代謝が起こっていく可能性も高い。「年功序列」は望んでも不可能になり、「組織に属することを前提とした働き方」ではなく、「稼ぎ方」を考えなくてはならない時代になる。

その上で、新しい考え方に基づく教育が社会に定着し、その下で育った子どもたちが社会人になるまでにはかなりの年月を要する、という時間軸を認識することも欠かせない。

これらを踏まえた上で人づくり改革の「あるべき姿」を展望するならば、まず根本的な価値観として、さきほど述べた社会保障への対応なども含め、真の「自己責任」「自助」の精神が浸透した社会を目指すべきだろう。働き方に関しては、企業に依存しないで稼ぐ人を多く輩出していなければならない。

人づくりには、初等・中等教育の果たすべき役割が大きい。そうした価値観に基づく社会を形成し、その中で生きていく力や大局観、リスクテイクといったマインドセットを醸成するプログラムが用意されなくてはならない。教員が一方的に教えるのではなく、局面によってはファシリテーターに徹するようなことも含め、生徒との関係性も転換を図る必要がある。このような教育サービスを提供するためには、教員養成プログラムを改革しなければならないことは、言うまでもないだろう。

「エリート教育」も必要だ

こうしたスキルを提供する教育機関や制度は、どうあるべきか?

高等教育機関＝大学は、数ではなく質を求められる。大学間の役割分担が明確になり、マーケットの需要に即した淘汰が進み、研究と教育の質は双方とも社会の要請に十分応えるものになる必要がある。

また、給付型奨学金などにより、やる気と能力のある学生は、親の所得にかかわらず質の高い教育を受ける機会を享受できる環境をつくらなければならない。同時に、エリート教育の必要性に対する社会の理解を促し、グローバル競争を勝ち抜くリーダーが多数輩出されるようにすることも大事だ。

そうした目標を実現するため、我々は私立大学の経営改革を後押しするとともに、持続性に疑義のある大学の再編・撤退を推進する、官立民営の第三者機関「私立大学再生機構」（仮称）の設立を提案している。給付型奨学金制度の継続的な見直しも不可欠である。

最適化社会では、オフライン・オンラインを問わず、海外の高等教育機関で学ぶ日本人、日本で学ぶ外国人の双方が増加する。技術革新を生かした対面・集合教育とオンライン教育の適切な役割分担を実現させ、それにより教育の費用対効果を大きく向上させる。

外部人材の効果的な登用・活用のためには、技術革新を踏まえた教育基本法、大学設置基準、学習指導要領、著作権法など、学びに関連する法律、ルールを抜本的に見直し、必要な改正を行わなければならない。

「リカレント教育」の推進も重要だ。労働市場の流動化が進めば、成果をキャリアや処遇に結びつけやすくなる。その結果、社会人学生が増加すれば、大学の教育プログラムに社会や働く個人のニーズを反映させやすくなるだろう。ただし、リカレント教育は、国や企業に頼るものではなく、自ら稼いで生きていくための価値向上投資として位置づけられなければならない。

そのためには、企業横断的に通用する高度な実務教育システムの構築や、時代の変化に応じた実務家教育を受け、新たな活躍機会を早期に得ることができるような、トランポリン型（失業者を救い、労働市場に戻す）のセーフティネットの整備が必要になるだろう。

「人づくり」の最後に、未知の世界に挑み、先頭に立って道を切り拓く「エリート」について触れておきたい。何事にも「平等」「同質」を旨とする傾向のあるわが国では、一部の人間に特別な教育を施すことがタブー視されてきた。しかし、今グローバルに活躍しているのは、戦略的に育成された海外のエリートたちにほかならない。彼らと伍して戦わざるをえない時代に、日本のみ旧態依然の人材育成でいいわけがない。

江戸時代末期、幕府は長年の鎖国政策の下で形成された国体の維持に汲々とし、欧米列強との経済的・軍事的格差を直視することがなかった。そうした状況に強烈な危機感を抱いた志士たちが中心となり、明治維新は成し遂げられた。自分たちの置かれた状況を的確に判断したリーダーたちが、試行錯誤の末に国の骨格を時代に合致したものにつくり替えていった一つの例と言えるだろう。

時を経て、成長へのレールが敷かれた高度成長期、安定成長期においては、日本型の雇用慣行が見事に機能し、日本は先進国の一員に名を連ねるようになった。この時期、日本の進むべき道は明確だったから、「リーダー」「エリート」に頼り切らずとも、さしたる問題は起こらずに済んだ。

ところが、気づくと「目の前に敷かれたレールがない」時代になっていた。まさに幕末と同じ状況である。こうした時代に、「目先の問題を賢く解決する」「他に倣って正確に物事をやり遂げる」といった能力はあまり役に立たない。自ら道筋を定め、実現のための戦略を練り、旗を振ることのできる「真のエリート」なくして、国の危機を回避することはできないのである。

しかし、日本の現状はどうだろうか？　誤解を恐れずに言えば、子どもの頃から塾通いに明け暮れ、初等・中等教育で受験テクニックを磨いて一流大学に入っただけの「秀才」に、シリコンバレーのイノベーターたちに立ち向かえと言っても、無理な相談である。

正確に言えば、これから必要とされるエリートは、明治維新期のエリートとも違う。ＡＩに取って代わられることのない感性や構想力を極限まで研ぎ澄ました人間、「左脳・論理」一辺倒ではなく、「右脳・ココロ」を豊かに兼ね備えた人材こそが求められている。大学受験の試験問題から、そういう能力を開花させる可能性を秘めた若者を選抜できる内容に改め、「これは」と思う人間には、国や企業を背負って立つための、「特別な教育」を施す。本当の教育改革とは、そういうものではないだろうか。

ただし、「選ばれた人間」だからといって、好き勝手に振る舞っていいわけではない。ノブレス・オブリージュ（社会的地位が高い者ほど、高い社会的責任と義務を果たさなければならない）の精神を備えた人間こそが、「真のエリート」を名乗れるのである。彼らにそれを涵養するのも、教育の役割であろう。

歴史的パリ協定の長期目標達成に向けて

「環境・資源エネルギー」問題への対応は、まさに「持続可能な地球」を守るための取り組みである。

地球温暖化対策に関しては、温室効果ガス削減に向けた国際的な枠組みである「パリ協定」が、二〇一六年十一月に発効した。一九九七年に定められた「京都議定書」の後継となる重要な国際合意で、日本は中期目標として、二〇三〇年の温室効果ガス排出量を、対一三年度比で二六パーセント削減するという目標を掲げている。

協定ではさらに、「長期的な温室効果ガスの低排出型の発展のための戦略」を策定し、提出するよう努めることが決まっている。今世紀中ごろまでを想定した長期戦略で、二〇年までに提出するよう求められている。なお協定では、長期目標として「世界の平均気温上昇を、産業革命以前に比べて二℃より十分低く保つとともに、一・五℃に抑える努力を追求する」としており、日本もこの国際合意の実現に向けて手立てを講じる必要がある。

一六年五月に閣議決定されたわが国の「地球温暖化対策計画」では、「長期目標として、二

【図表5-4　パリ協定と温室効果ガス排出に関する日本の中長期目標】

COP21「パリ協定」（2015年12月）

気候変動問題に関する2020年以降の世界の新たな枠組み（196カ国・地域）

日本の対応

「地球温暖化対策計画」（2016年5月閣議決定）

● **中期目標「2030年までに2013年比26％減」**

電源構成（うちゼロエミッション電源）

◎原　発：20～22％

◎再エネ：22～24％

2030年の原発比率20～22％の実現には、約30基の稼働が必要
（前提：数基の運転期間延長および稼働率80％）

● **長期目標「2050年までに現在より80％削減」**

〇五〇年までに八〇パーセントの温室効果ガスの排出削減を目指す」とされた。環境省の「長期低炭素ビジョン」においては、「二〇五〇年・八〇パーセント削減」の日本の姿について、「電力については、低炭素電源（再生可能エネルギー、CCS付火力発電、原子力発電）が発電電力量の九割以上を占めている」「あらゆる分野で電化・低炭素燃料への利用転換が進み、最終エネルギー消費の多くは電力によってまかなわれ、化石燃料は一部の産業や運輸等で使用されている」――といった未来を描いている。二〇四五年には、そのエネルギー構造の転換がほぼ実現していなくてはならない。

重要なのは、温室効果ガスの排出削減策は、政府、企業、家計の各部門の主体的な取り組みと有機的な連携が不可欠だ、という点である。

例えば企業活動では、温室効果ガスは、原材料調達から生産、流通、使用・維持管理、廃棄・リサイクルまで、製品のライフサイクル全般で排出される。そのため生産現場だけで対策をしても削減効果は限定的で、それぞれのフェーズの排出の特徴を踏まえた対策が必要になるのである。企業は、サプライチェーン全体に加え消費段階も見越した排出の最小化を目指し、研究開発投資、設備投資を実行する。同時に、製品・サービスの利用者や消費者に対しても、排出削減に取り組むよう、意識と行動の変容を促していく必要があるだろう。

排出削減技術が遅れている新興国への協力は、温室効果ガス排出の「削りしろ」の大きな地域だけに、非常に有意義な国際貢献と言える。日本は最新の温暖化対策技術を軸にした製品・サービスの世界展開を一層積極的に進めていくべきだ。

実効性のある対策を加速させるためには、温暖化対策にかかる費用の負担の構造改革も必要だと考える。①需要サイドまで考慮したイノベーションへの投資は企業が担う、②需要サイドで便益を享受する消費者が相応の費用を負担する、③各主体が受け入れ可能なカーボンプライシング（炭素排出量への価格付け）の制度設計を考える——という三点を基本に、議論すべきである。

ただし、現実問題として、中長期の目標達成は相当ハードルが高いことを認識しなければならない。エネルギーミックス（化石燃料、原子力、再生可能エネルギーのバランスの取れた利用）

に努めつつ、長期目標に関しては、革新的な技術の開発に期待するところが大きい。六一ページでも書いたが、ダボス会議で安倍総理がＣＯ２をカーボン源とすべく人工光合成や光触媒について言及したことは心強い。

最近、海洋におけるプラスチックゴミ（デブリ）の問題がクローズアップされている。各種リサイクルの技術およびＣＥ（サーキュラー経済）も重要な社会的問題と考え、企業は対応すべきである。

国家、企業、アカデミアのガバナンスを強化せよ

Japan 2.0では、「最適化社会に向けた統治機構改革と国家のガバナンス強化」についても提言を行った。国家価値を最大化していくためには、国家自身がその強い意志と、明確な方向性、実現のための仕組みを備えていなくてはならない。社会がデジタルトランスフォーメーションという大変革期にさしかかり、同時にグローバルな政治の世界で自国優先主義が台頭するという混沌とした情勢の中、その意義もかつてなく大きくなっている。

産業構造の変化、イノベーションの進展は、新事業創出などのチャンスを大きく広げる。ただし、それは「勝ち組」と「負け組」のコントラストを際立たせ、所得や世代間の格差をます

ます拡大させる社会でもある。そうなると、現在の欧米諸国のように、ポピュリズムや反グローバリズムが社会に蔓延する素地となる懸念がある。加えて、ソーシャル化によるマスメディアの弱体化、ＳＮＳを通じたフェイクニュースの氾濫などにより、政治の意思決定は一層困難な環境に置かれるかもしれない。

しかし、そんな時代だからこそ、社会にある意見や利害の対立を調整し、受益と負担の適切な再配分を実現していくのが、政治の役目である。将来も揺らぐことのない統治機構、議会制民主主義の仕組みを再構築し、変化に対応して迅速な意思決定が可能な国会運営を目指さなくてはならない。

投票価値の平等＝一票の格差是正の実現は大前提だ。日進月歩のデジタル技術も、大いに活用すべきである。その上で、衆議院は民意を正確に反映した「政権選択の場」、参議院は「良識の府」としての性格を強める――といった二院制の改革を行うなど、国会の機能強化を図る必要がある。

少子化・高齢化の下でのいわゆる「シルバー民主主義」の克服は、重要なチャレンジになる。持続可能な社会を実現するためには、次世代の意志を政治に反映させることが不可欠だ。若者世代の政治参加を促進するために、「主権者教育」を推進するなどの方策を実行すべきである。

行政に関して言えば、デジタル化を前提にその役割と組織のあり方を根本からつくり直す必要がある。「政府のデジタルトランスフォーメーション」である。それにより、とかく問題となる行政の効率性、透明性を高め、国民へのサービスの質の改善を実現する。

ＡＩ、ビッグデータなどを活用し、政策の企画立案、実行、検証、改善のプログラムに、データサイエンスを大胆に取り入れることも求められる。中央官庁や地方自治体が保有するデータの民間活用を推進し、新たな事業創出などに結びつけていく仕組みづくりも具体化すべきである。

人口減少が加速する地方ではあるが、生き残りのためには、以前にも増して自立した自治体運営が求められている。地方自治体への権限と財源の移譲、住民による行政サービスの選択や広域連携の推進などによる歳出適正化といった、古くて新しい課題に今こそ答えを出すべきである。

「ガバナンス」という切り口からすると、企業とアカデミア＝大学のそれも、ますます重要性を増している。

リスクマネジメントの徹底、コンプライアンスの順守は、企業活動の前提である。同時に、コーポレートガバナンス強化の目的が「果敢なリスクテイク」にあることを忘れてはならない。この点で日本企業がJapan 1.0から脱却できていないことは、すでに何度も指摘した。

イノベーションの推進に、産学官の有機的連携は欠かせない。しかし、残念ながら今の日本の大学は、社会が求める負託に十分応えられてはいない。例えば政府は、二〇一三年の成長戦略の中で、「今後一〇年間で、世界大学ランキングトップ一〇〇に一〇校以上を入れる」という成果目標を掲げたが、折り返し点を過ぎても、ランクインしているのは二校のままである。

この点では、国立大学協会などが検討を進めている「大学ガバナンスコード」が、意欲ある大学を後押しすることに期待する。経済同友会としても、経営者のコーポレートガバナンスや、マネジメントに関する知見を積極的に提供していきたい。

「人間とは何か」を問う時代が訪れる

ロボットに搭載されたＡＩの進展の結果、社会には「雇用不能な『無用者階級』が生まれるかもしれない」というユヴァル・ノア・ハラリ氏の「予言」を第四章で紹介した。仮にそんなことになれば、「持続可能な社会」もなにもあったものではない、と感じないだろうか。

かつてない革命＝デジタルトランスフォーメーションが進行する社会の中で、我々はどう生きるべきなのかを、最後に語っておきたい。

世の中に「無用者階級」が溢れるのかどうかは別としても、人間の仕事の多くがＡＩに置き換えられていくのは間違いない。幸福なシナリオを描けば、人々は生産性の低いルーティンワークから解放され、より創造的で付加価値の高い仕事へとシフトするだろう。ただし、それでも当面の職がなく、ベーシックインカムに頼らざるをえない状況を、少なくない人が強いられることになるかもしれない。

そんな社会の中では、自らの内面を突き詰めて考える哲学が「復権」するかもしれない。奇しくもハラリ氏の言う「useless class（無用者階級）」は、実存主義のサルトルの言葉「Man is a useless passion.」に通じている。要するに、人間は昔から「人間とは何か?」「自分に存在意義はあるのだろうか?」と問い続けてきたのである。現代の哲学が、社会学や政治学に近づいていているとも言える中で、ＡＩの出現が、サルトルの世界に人々を引き戻すことになるのかもしれない。

多くの人間が、有り余る時間の中で人間の存在意義を深く思索するようになるというのは、あながち不幸な世界ではない。それを通じて、時代に見合った社会の仕組みが構想されたり、何かのイノベーションに結びついたりする可能性もあるのではないか。

もう一度、デジタルトランスフォーメーションがもたらす世界を覗いてみよう。

「人類は万物の霊長」「ホモ・サピエンスこそ生命の最終形」という、我々の知らず知らずの思い込みは、そう遠くない未来に目の前で崩壊するかもしれない。人間を含む生物は、有機物すなわちカーボン（C）からできている。遺伝というメカニズムでその形質を後世に伝え、長い時間をかけて、ダーウィンの法則に則って進化を遂げてきたのだ。ところが皮肉なことに、人間がシリコン（Ｓｉ）を使ってつくり上げたコンピューターが、その地球誕生以来の法則をつくり変える。

量子コンピューターは、速度も容量も人間を凌駕する「頭脳」である。一生がせいぜい一〇〇年のホモ・サピエンスと違い、永遠にデータを蓄積し続ける。やがて、「選ばれた」人間は、Ｓｉ（ＡＩ）を脳に巧みに取り込み、人間′（人間ダッシュ）とも呼ぶべき「新たな種」に、自らを進化させていく。あるいはＤＮＡの書き換えにより、内的に人間の変革を画し、頭脳明晰、美男美女だけの集団へ進化するようなこともありうるのか。

そんな時代はご免だと思うのか、あたかもＳＦのような世界を真面目に語れるような技術のブレークスルーを、エキサイティングだと感じるのか。考え方によって、未来の見え方も変わってくる。

もう一度言おう。未来は予測するものではなく、創るものだ。後世の人々のためにも、今行動を起こさなければならない。

２０４５年に向けて目指すべき姿

「Ｚ軸：社会の持続可能性の確保」

（１）労働市場

■多様な働き方の実現と技術革新への対応により、柔軟な労働市場を形成

・企業等において、年齢、性別、国籍等にかかわらず、多様な人材の能力、スキル、発想等を融合し、価値創造に活かすダイバーシティ＆インクルージョンを実現する。

・誰もが技術革新に応じて必要なスキルや能力を身につけるために、学び続けられるようにする。

・ＡＩ、ロボット等との協働や、デジタル技術を活用した時間と場所に捉われない働き方を実現する。

・個人および企業の「就社」意識と正規・非正規の二元論から脱却する。

・雇用を前提としない働き方や、職種、業種を柔軟に変える「二毛作」「三毛作」の働き方を選ぶ人材の増加に対応した制度を整備する。

（2）教育

■デジタル技術を活用した世界最高水準の教育、多様な個性を伸ばす教育を実現

・グローバル化、デジタル化（AI化）、ソーシャル化による経済・社会の変化と、個人のニーズに柔軟に対応した教育・能力評価制度が構築されている。

・デジタル技術の活用により、世界最高水準のオンライン教育が提供され、保護者等の経済力や居住地域等によらず、児童・生徒・学生の個性や能力に応じた最適な学習プログラムが受講可能になり、多様な個性を伸ばす教育システムが確立している。

・こうした教育の結果、すべての学生が、高等教育を終えるまでに、物事の本質を見極める意識を持って行動し、変化に対応する柔軟性を身につけている。

・高等教育機関は、多様な価値観を受け止め、決断する覚悟をもってグローバルにリーダーシップを発揮できる競争力ある人材の育成を強化している。

・大学・公的研究機関等に資金と人材が集まる仕組みが確立し、大学等を核にリサーチパーク、サイエンスパークなどの研究機関が集積している。大学等がイノベーション・エコシステムの拠点となり、こうした取り組みが評価された結果、グローバルに競争力ある人材

が日本に集っている。

（3）社会保障

■少子化・高齢化と働き方の変化に対応した社会保障の構築

• 公的医療保険を、少子化・高齢化、雇用の流動化、雇用形態の多様化に対応した制度とするために、給付と負担の構造の見直し、地域保険への再編・統合を行う。

• 医療と介護の連携強化、地域完結型の医療提供体制の構築、保険者機能の強化などにより、効果的・効率的な給付を行う。

•「データヘルス推進基本法」（仮称）を制定し、健康・医療・介護・データの利活用基盤を速やかに整備する。

• データを活用し、年齢のみならず、所得・資産、健康管理の状況等に応じて給付と負担を個別最適化する。

• 個人、医療機関、保険者が保有する健康や病状に関するデータをもとに、予防医療、治療、保険プランの最適化を図る。

・ＡＩ、ＩｏＴ、ロボティクスなどの技術を医療・介護サービスの提供に活用し社会保障給付を効率化する。
・キャリアチェンジなどのための職業・教育訓練に対する支援や、一時的離職・休職・転職期間における生活保障など、トランポリン型社会保障の機能を強化する。

（4）財政

■財政健全化の実現に向けた歳出・歳入改革と規律強化
・基礎的財政収支の黒字化、公債等残高対ＧＤＰ比の安定的低下を実現するために、消費税率を段階的に引き上げる。
・少子化・高齢化など経済社会の変化に対応した税制抜本改革を実施する。
・財政規律強化に向けて、財政責任法の制定、独立財政機関の設置を行う。

（5）環境・資源エネルギー

■ゼロ・エミッション社会を実現し、世界レベルで温室効果ガス削減に貢献する

・2050年に温室効果ガス排出「実質ゼロ」を視野に入れ、地球規模で炭素をマネージする「循環炭素社会」を実現する。
・革新的エネルギー（S＋3Eの同時実現）や、エネルギー消費量を劇的に少なくする革新的素材・製品が開発・実用化され、海外展開を通じた課題解決に貢献する。
・再生可能エネルギー、世界最高水準の安全性・低コスト・放射性廃棄物量の削減等に対応した新世代原発など、エネルギー供給の脱化石燃料化、ゼロ・エミッション化を推進する。
・デジタル技術等の先端技術の活用によって、自立・分散型の高度なエネルギーシステム（エネルギーの地産地消や需要側に応じた供給システム）を構築する。

（6）安全保障

■平和の確保に向けて、国際秩序の変化に応じた安全保障体制を構築する
・自国の防衛、地域の安定、国際貢献を目的とした、防衛力と外交力による安全保障を強化する。
・アジア太平洋地域における平和構築に向けた、多国間協力と日米安全保障体制を強化する。

- サイバー攻撃を通じた国土や国民への実際の攻撃に対する防衛体制を確立する。
- 気候変動などに伴う食料や水の確保をめぐる紛争の予防、平和的解決に貢献する。

対談

提言だけでは終わらない我々経営者は率先して行動する

小林喜光（経済同友会代表幹事）×櫻田謙悟（経済同友会次期代表幹事推薦候補者）

小林喜光（こばやし・よしみつ）
三菱ケミカルホールディングス取締役会長。1946年生まれ。71年東京大学大学院理学系研究科修士課程修了。74年三菱化成工業（現・三菱ケミカル）入社。三菱ケミカルホールディングス社長を経て15年より現職。経済同友会代表幹事。理学博士。

櫻田謙悟（さくらだ・けんご）
SOMPOホールディングス グループCEO取締役社長。1956年生まれ。78年早稲田大学商学部卒。同年安田火災海上保険（現・損害保険ジャパン日本興亜）入社。12年より現職。

提言の狙い

小林　経済同友会は、二〇一八年十二月に「Japan 2.0 最適化社会の設計－モノからコト、そしてココロへ－」という提言を発表しました。これは経営者層、つまり自分自身に向けて書いている部分が大きいのですが、若い人たちをはじめ、もっと広く浸透して欲しいとの願いをこめて、ストーリー性を入れながら一般書のかたちにまとめたのが本書です。

この中で何度も強調していることですが、戦後の日本は欧米に「追いつき追い越せ」で成功してきたけれど、国内外の環境は大きく変わり、これまでと同じことをしていては未来はないのははっきりしている。それなのに、ほとんどの日本人はその変化に気づかず、今のままでいいと思っている。まさにタイトルにつけた「茹でガエル」状態です。それに対する強い危機感が、提言の通奏低音になっています。

櫻田　私も、この提言をまとめていくメンバーの一人でしたし、提言、さらに本書に書かれていることは自分の意見でもあると考えています。

小林　平成の三〇年間は敗北の時代だったと私は思っています。それを認めて、日本はもう一度勝機をつかまないといけない。そのために掲げたのが Japan 2.0 です。政府が言っている Society 5.0 とも目指す方向は同じですが、Japan 2.0 は、もう少しグローバルな問題を取り上げることで、世界の中の日本の位置づけを明確にし、進むべき道を示しています。

戦後一〇〇年となる二〇四五年は、シンギュラリティが到来すると言われている年でもあります。その頃には、ＡＩが人間の知性を凌駕しているかもしれない。そうした時代に備えるには、何をすればいいのか。想像するのは非常に難しいことですが、日本がどのような社会になっているかを仮定し、そこからバックキャストして、考えるべきだと思いました。

では日本は、どういった社会、国家を志向すべきか。そう考えたときに、私が三菱ケミカルホールディングスで、企業価値を測るために用いている、ＸＹＺの三軸による三次元解析が使えるのではないかと思ったのです。

日本はＧＤＰを増やして儲けていかないと借金が返せない。そのためにもＸ軸の「経済の豊かさの実現」が必要です。

さきほど平成の三〇年は敗北だったと言いましたが、特にテクノロジーの分野で完膚なきまでにやられてしまったという思いがあります。やはりそこでの競争に勝たなければ、儲けることはできない。これがＹ軸の「イノベーションによる未来の開拓」です。

一方で、世界全体のことも考え、CO_2削減や、海のプラスティックデブリを減少させるといったグローバル・アジェンダで貢献する必要もある。食料問題も依然として、世界の大きな問題です。実は、国家にとっても企業にとっても、一番重要なステークホルダーは地球かもしれません。地球がダメになったら、経済も政治もあったものではないですから。それがＺ軸の「社会の持続性の確保」です。

これら三つが織りなすベクトルこそが企業価値、国家価値を表すものだと考えたわけです。

櫻田　企業を評価するときには損益計算書や貸借対照表を参照し、いくら儲けたかを見ます。これがＸ軸ですね。これは無視できません。しかしながら、企業の価値というのは本当にそれだけで測れるのかというと大いに疑問です。今おっしゃったＺ軸についていうと、我々ＳＯＭＰＯホールディングスもＣＳＲ活動をしていますし、ＳＤＧｓの達成に向けた取り組みも行っています。ただ、どれだけやっているかということを数値化しづらい。そこで国連などの国際機関も最近はＳＲＯＩ（社会的投資収益率）という概念を打ち出すなどしていますが、代表幹事がおっしゃっているのは、そうした視点で企業価値のみならず、国家価値も考えていくということですね。

テクノロジーの重要性

小林　日本は特にテクノロジーで敗北したと言いました。それはこういうことです。三〇年前、平成元年には、世界の時価総額トップ10のほとんどはNTTをはじめとして、日本企業が占めていました。

それが二〇一八年の時点でのトップ10は、GAFA、アリババ、テンセントなど、ほとんどがデータを扱うIT企業です。そうでないのは、バークシャー・ハサウェイ、エクソン・モービルぐらい。日本のトップはトヨタ自動車ですが、三〇位台。そこまで負けたのか、という思いがあります。

今話題の5G（第五世代移動通信システム）に至っては、日本のシェアは一パーセントか二パーセントぐらいしかなくて、ファーウェイ、エリクソン、ノキアという順番。半導体でも惨敗しているし、リチウムイオンバッテリーも中国にほぼ追いつかれてしまった。

ある程度世界と戦えているのは自動車産業ですが、自動運転の領域では、グーグルのようにバーチャルに軸足を持つ企業がリアルの分野を攻めてきていて、せめぎ合いは熾烈になってきている。そういった意味で地政学の時代から地経学の時代に変化してきているという感が強い。

櫻田　私が常々思っているのは、第四次産業革命が世界を覆いつつある今、それ以前の三つの産業革命を振り返ることで、この第四次の産業革命のいいところと悪いところが見えてくるということです。

私なりの理解で簡単に申し上げると、第一次産業革命は、蒸気機関の発明から数える考え方もありますが、狩猟社会から農耕社会への変革が進み、食料に対するソリューションを提供した。第二次産業革命は、工業化の技術革新で、これは筋肉（動力）に対するソリューションの提供ですね。第三次産業革命はインターネットが出てきて、時間的、地理的な距離に対してソリューションを提供した。

現在の第四次産業革命はおそらくは人間の頭脳に対するソリューションになるのではないかと思います。ただ、ソリューションであるだけでなく、チャレンジになる可能性もある。チャレンジになったときには、人間対機械という、起きてはならない状況が生まれる。その点について、Japan 2.0 にも、イノベーションと倫理・規範が止揚する最適化社会について書かれていますね。私は、テクノロジーを応援しつつ放し飼いにしないために必要なのは wisdom だと思っています。人間の wisdom と社会の wisdom がテクノロジーとうまく調和することが求められているのです。

テクノロジーというのはすごく重要ですが、代表幹事がおっしゃったように、この分野で日本は優位にいると言えないどころか、劣位にいると言わざるをえない。今やらないといけないのは、「このテクノロジーについては、我々は絶対に負けない」という強みをつくることだと思います。しかもそれは、世界に対して大きな影響力を持つテクノロジーでなければならない。私は、それはＡＩであり、もう一つはゲノムだと思っています。

三つの大変革

小林　今回の提言の中で最も強く訴えたかったのは、グローバル化、デジタル化（ＡＩ化）、ソーシャル化は不可逆的なうねりだということ、そしてそれは「リアルとバーチャル」「付加価値と効用」「個と集団」という関係性の変化をもたらすということでした。

「リアルとバーチャル」ついて一つ挙げると、さきほど自動運転の話でも言いましたが、バーチャルをやっていた人がリアルに来て、逆にリアルをやっていた人たちがバーチャルに来るという大きな変化が見られるようになりました。

「付加価値と効用」については、かつては何億円もしたコンピュータと同じ性能を持つスマートフォンが今や数万円で手に入るわけです。非常に大きな効用があるけれども、ＧＤＰで見ると、スマートフォンの価格しか反映されず、実態をうまく表せてはいない。ネット上の情報もほとんどがただで手に入ります。だからもうこれまでの「モノ」を基準にした「モノ差し」では評価ができない。時代は「コト」に移っているので、「コト差し」が必要なんです。提言では、価値観がさらに多様化し、個人の欲求も大きく変容する中で、その先にある「ココロ差し」という尺度も提案しました。

「個と集団」は、例えばこれまで企業では、最も情報を多く持っている人が権力を握る、という時代がありました。一般の社員は知らないけれどもマネジメントする側は知っているということで差別化していた部分もあった。しかし今では、ＩＴツールによって、ほとんどの情報に誰もがアクセスできるようになり、集団内のヒエラルキーや、個と集団との関係性が変わってきました。

この三つの関係性が変わっていく中で、政治も社会生活も変わる。子どもたちは、フェイス・トゥ・フェイスよりも、スマートフォンなどを通したコミュニケーションのほうが当たり前の関係性を構築している。そうすると、みんなが幸せに暮らせる社会とはどういうもので、そういう社会をどう構築するか、それが課題になってくる。

櫻田　今のお話、全く同感です。今回の提言はそこまで深く分析したものであり、単なる「提言」ではなく、「国家論」と言えると私は思っています。ではそのような危機的な状況にある中で、日本のコア・コンピタンス、強みはどこにあるのか、それを考えなければならない。

さきほどおっしゃった、ＧＡＦＡ、あるいはアリババ、テンセントがデータを握り、非常に力をもって、世論さえも動かしてしまう。そういったときのデータはバーチャルデータが中心ですね。一方で、日本が強いのはリアルデータです。当社が医療分野で持っているデータ、介護の現場における認知症患者の方の行動パターン、自動車事故の原因と結果についてのデータ、これらはすべてリアルデータで、宝の山なわけです。

日本の強みであるこのリアルデータをいかにして社会に還元する形でマネタイズするかが重要であり、その儲け方というのはＧＡＦＡのような企業とはおそらく違ってくる。

小林　今の話に付け加えると、リアルとバーチャルをハイブリッドさせるところに、日本の強みを見出すことができると思っています。世界の中でも、異なるものを融合して独創性を発揮する「最適化能」において、日本は優れているわけですから。

同時に、データ中心の社会になると、データを握った者が一人勝ちという世界になる可能性も高い。富の偏在をどうするか、分配をどう考え直すか、という課題も出てきます。

例えば格差がどんどん拡大して、成功者は年に一〇〇億円ぐらい収入を得て、他の大勢はせいぜい一〇〇万円か二〇〇万円しか得られないということにもなりかねない。アメリカでは現に、ほんの一パーセントの人が国全体の富の半分以上を持っていると言われている。それは言い換えれば、ユヴァル・ノア・ハラリ氏が『ホモ・デウス』で言っているような「無用者階級」が生まれるということです。富をどう公正に分配するか、それも考えないといけない。

櫻田　その点ですが、日本という社会が持っているバリューシステムというのは非常にユニークで、いまやガラパゴス・クールと言われるぐらい、世界が注目しています。それはなぜか。そこに解があるのではないかと思っています。

たしかに我々日本企業とGAFAの時価総額は全然違うかもしれない。でも別の尺度で測ったら、勝っているかもしれない。そうした軸を打ち出すのがこのJapan 2.0の真骨頂だと思うのです。

江戸時代がいい例です。経済成長はしていないけれど、多くの人は幸せに暮らしていた。今の日本も、ジニ係数ではOECDの中で中位程度ですが、所得上位二〇パーセントが下位二〇パーセントと比べて、何倍の所得を得ているかという比較で見ると、日本は主な資本主義国の中で最も差が小さい。

また、社会の安全性・安定性などの社会指標を見ても圧倒的に高い。

小林　そう、我々日本人は、昔からそうやってきているわけです。収入の格差もアメリカや中国に比べたら、桁違いに平等です。こうしたいいところはキープしておかないといけない。一方で、劣後している部分はきちんと認識して対策をとる。今後も世界の知的リーダーたりうるにはそれが必要です。

櫻田　過去三〇年は惨敗とおっしゃられたけれども、あえて単純化すると、競争、あるいは格差には、良い競争と悪い競争、良い格差と悪い格差が存在する。それが、日本ではこの二〇年ぐらいは、すべての競争、すべての格差は悪、となってしまった。みな一緒に進んでいき、たまにとんがった人がいても、出る杭は打たれ、またみんな横並びでゆっくり進み、競争力を失っている。

今企業人がやらないといけないのは、良い競争、良い格差は是とすることだと思います。一生懸命働き、良いアイデアを生み、事業を成功させた人は相応の報酬をもらってもいい。

小林　適正な競争をして、公正に分配するという循環をどう構築するか、ということですね。

櫻田　良い大学に入ったら、良い会社に入れて、一生安泰に過ごせるという人生モデルはすでに崩壊しているのに、多くの人はまだこのモデルが続いているような幻想を抱いている。それが、「茹でガエル現象」です。本当は間違っていることを、疑うことなく正しいと思い込んで、一生懸命にコツコツやっているので、私は「真面目な茹でガエル現象」と呼んでいますが。惨敗の歴史の根底には、こういう誤った現状認識があると思います。

経済同友会は何をしていくか

小林　これまでの経済同友会は、提言を出すだけで済ませてきたようなイメージを持たれているのではないかと感じています。政府がこれをやってくれないとうまくいかないとか、他力本願的な部分が多かった。これまでは、それでも良かったかもしれません。

しかし時代は変わりました。日本がアメリカ、中国と比較して劣位に置かれていることに、経営者として反省をしないといけないし、これらの国と渡り合って自立した国家でいるためには、経済的な力も持ち、政治的にもしっかりしないといけない。

それには「行動する経済同友会」というスローガンの通り、我々経営者が率先して行動していかなければならない。

二〇一六年の経済同友会七〇周年のときに、Japan 2.0と合わせて、会の構造改革として経済同友会2.0を打ち出しました。経営者が経営者同士の中だけに閉じこもって提言を出すだけではなく、若い人たちとのディスカッションの場をつくったり、アカデミアの人や政治家との対話のために外に出て行ったりしようということでした。その方向性はある程度実現してきている。

今回の提言も、どこかのシンクタンクや政府がつくった資料ではなくて、自分たちでつくった資料をベースにまとめようということになりました。三年もかかってしまいましたが、自分たちなりの解析は終わった。あとは次期代表幹事が好きなように料理してください、ということです（笑）。

櫻田　我々が気をつけなくてはいけないのは、公益社団法人という一つの性格は堅持しながらも、おっしゃったとおり、「提言書を何冊、出しました」ではいけないということです。

私は、会社で部下や同僚にいつも、「コミュニケーションは何のためにとるのか」と聞きます。「よく伝えて、分かってもらうことです」と返事が来ると、「いや、違う。少なくとも我々ビジネスマンのコミュニケーションの目的というのは、伝えて理解してもらって、相手の行動が変わることだ。そこまでいってコミュニケーションというのであって、それがないのはコミュニケーションじゃない。言いっ放しというのだ」と言います。

行動することが大事だという思いから、経済同友会についても、「Think Tank」ではなく「Do Tank」であるべきだと言っています。だから提言も出しっ放しにしてはいけない。特に今回の提言は「国家論」とも言えるものなので、総括的な提言は今後四、五年はつくる必要はないと思っています。

ですので、自分の役割は「この提言に魂を入れること」としか言いようがない。魂を入れるということは結果を出すということですが、では結果とは何か、経済同友会をどう定義すべきか、それをずっと考えています。

提言を読んで理解してもらい、その人の行動が変わる。一番変わって欲しいのはまず日本の国民です。そして、政治、教育、システム等を含めた日本全体、さらにはグローバル全体へと、さまざまなステークホルダーに働きかけ、地球規模で人々の行動を変えていく。どれぐらい変わったかを計測するのは難しいことですが、それでも提言の中からテーマを絞って取り組んでいきたいと思います。

そのときに大事なのは伝道者たちです。さきほど申し上げたさまざまなステークホルダーに対して誰がどのように伝達するのか。経済同友会は経営者の集団ですから、会員自らが伝道者となって、まず自社に働きかけて自社の行動を変える。そして、各地経済同友会や地方公共団体に伝えて、変わってもらう。

そういった行動によって、少しでもステークホルダーの意識や行動が変われば、小林代表幹事にも、「少しは、やっとるな」と言ってもらえるかもしれません。

小林　経済同友会発足時の精神に立ち返り、我々経営者は、「Japan 2.0 は自分自身に向けた提言である」という意識を持たないといけない。そして、おっしゃるように、大事なのは伝道者、あるいはエバンジェリストです。やらされている感覚であれば、やらないほうがいい。これに尽きます。ぜひ、楽しみながらやっていただきたい。

キルなど、学校教育からリカレント教育までの一貫した人材育成を支援する。

6. 社会のデジタルトランスフォーメーションの加速

企業、政府、地方自治体など、社会を構成する組織体のデジタルトランスフォーメーションを加速する。目指す社会や解決すべき課題に対し、AIによるデータ解析などデジタル技術を用いて、事業や政策を設計していく。

7. 企業統治改革の加速と国およびあらゆる組織のガバナンス強化

企業統治改革を加速し、果敢なリスクテイクとコンプライアンスの徹底を経営の両輪とする。国の統治機構改革、大学へのガバナンスコード導入など、財・サービスを提供するあらゆる組織体のガバナンスの強化を促す。

8. 豊かさを広く持続的に享受できる世界の実現

多国間自由貿易体制、水や食料、地球環境の持続可能性向上、パリ協定の長期目標達成に貢献する。また、自由で公正なデータの利活用や技術革新に伴う規制整備の議論に積極的に参加し、グローバル・スタンダードの確立を主導する。

9. 目指す社会を共有し、変革へのダイナミズムを創出

「Japan 2.0」が目指す最適化社会の実現に向けて、若年世代をはじめとした社会を構成する諸集団を含む、企業の広範なステークホルダーと共に議論し、行動することにより、社会変革への共感を呼び起こす。

10. 弛まぬ研鑽と自己変革

将来世代への持続可能な社会の継承と、そのために必要な改革や新たな挑戦を使命に、経営者としての研鑽に励み、自己変革を続けていく。

Japan 2.0 最適化社会 経営者宣言

グローバル化、デジタル化（AI化）、ソーシャル化が進展する「Japan 2.0」では、多様な「個」の力、人間性が社会を変える原動力となる。こうした時代に、我々経営者は、国家価値の最大化の追求と、社会の持続可能性向上との好循環をつくるために、先進的な提言と行動により、以下の変革を率先垂範する。

1. 企業価値の最大化

企業が目指す世界のビジョンを掲げ、その実現に向けて自ら課題を設定し、事業を通じて解決することにより、企業価値を最大化する。そのために、無形・有形の経営資源を最適活用するマネジメントを行う。

2. イノベーション創出力の強化

新たな価値創造の促進に必要な、先進技術の迅速な社会実装や事業の拡張性などを実現するために、グローバルな Open & Closed 戦略と、多様な個性、能力、知が融合するイノベーション・エコシステムの構築を推進する。

3. 多様な「個」の活躍の促進

ダイバーシティの向上・浸透に向けて、国籍、年齢、性別、障がいの有無等にかかわらず、個人が活躍する環境を整備し、多様な個性、能力、志を集結することにより、活力ある社会をつくる。

4. インクルーシブな社会の構築

価値観の多様化や技術革新による変化に誰も取り残されることのないインクルーシブな社会の実現に向けて、人々が相違点や利害を越えて歩み寄り、課題を解決していく「最適化する能力」（最適化能）を高める。

5. グローバル化、デジタル化（AI化）、ソーシャル化の時代を生き抜く人材の育成

人間性を磨く倫理、基礎的学力、イノベーションを生む独創性、世界に通じる高度専門性やリベラルアーツ、経済社会の変化に応じた能力・ス

Japan2.0 最適化社会 経営者宣言

Japan2.0 最適化社会
経営者宣言
弛まぬ研鑽と
自己変革
企業価値の最大化
イノベーション
創出力の強化
多様な「個」の
活躍の促進
インクルーシブな
社会の構築
グローバル化、
デジタル化（AI化）、
ソーシャル化の時代を
生き抜く人材の育成
社会のデジタル
トランス
フォーメーション
の加速
企業統治改革の
加速と国および
あらゆる組織の
ガバナンス強化
豊かさを広く
持続的に享受できる
世界の実現
目指す社会を
共有し、変革への
ダイナミズム
を創出

構成／南山武志
装幀／スタジオトラミーケ

小林喜光
（こばやし・よしみつ）

1946年生まれ。71年東京大学大学院理学系研究科相関理化学専攻修士課程修了。ヘブライ大学、ピサ大学留学後、74年三菱化成工業（現・三菱ケミカル）入社。96年三菱化学メディア取締役社長、2007年三菱ケミカルホールディングス取締役社長を経て、15年より同取締役会長。15年度より経済同友会代表幹事。理学博士。

公益社団法人経済同友会
（けいざいどうゆうかい）

いわゆる経済団体の一つ。終戦直後の1946年に、日本経済の再建を誓った新進気鋭の企業人有志83名が結集して設立。個人資格による参加が特徴。経営者が各々の志をもとに一企業や業界の利害を超え、日本のあるべき姿について幅広い先見的な視野から議論し、数々の提言を世に送り出している。

危機感《ききかん》なき茹《ゆ》でガエル日本《にほん》
——過去《かこ》の延長線上《えんちょうせんじょう》に未来《みらい》はない

2019年３月25日　初版発行
2020年６月10日　５版発行

監　修　小林喜光《こばやしよしみつ》
著　者　経済同友会《けいざいどうゆうかい》
発行者　松田陽三
発行所　中央公論新社
〒100-8152　東京都千代田区大手町1-7-1
電話　販売 03-5299-1730　編集 03-5299-1740
URL　http://www.chuko.co.jp/

ＤＴＰ　今井明子
印　刷　大日本印刷
製　本　小泉製本

Published by CHUOKORON-SHINSHA, INC.
Printed in Japan　ISBN978-4-12-005180-7　C0034